COLEÇÃO ESSÊNCIA CRISTÃ

HERNANDES DIAS LOPES
PROVAS & CRISES

hagnos

©2020 Hernandes Dias Lopes

Revisão
Andrea Filatro
Josemar de Souza Pinto

Capa
Douglas Lucas

Diagramação
Catia Soderi

1ª edição - Março de 2020

Gerente editorial
Juan Carlos Martinez

Coordenador de produção
Mauro W. Terrengui

Impressão e acabamento
Imprensa da Fé

Todos os direitos desta edição reservados para:
Editora Hagnos
Av. Jacinto Júlio, 27
04815-160 - São Paulo - SP - Tel. (11) 5668-5668
hagnos@hagnos.com.br - www.hagnos.com.br

Dados Internacionais de Catalogação na Publicação (CIP)
Angélica Ilacqua CRB-8/7057

Lopes, Hernandes Dias
    Provas & crises / Hernandes Dias Lopes. — São Paulo : Hagnos, 2020.
    144 p.

    ISBN 978-85-7742-301-9

    1. Sofrimento – Aspectos religiosos – Cristianismo 2. Esperança – Aspectos religiosos – Cristianismo 3. Vida cristã I. Título

20-1110   CDD 248.86

Índices para catálogo sistemático:

1. Sofrimento : Vida cristã 248.86

Editora associada à:

DEDICATÓRIA

Dedico este livro ao presbítero Haroldo Peyneau, homem de Deus, servo do Altíssimo, amigo precioso, reconhecido líder espiritual entre os homens presbiterianos do Brasil.

SUMÁRIO

Introdução 7

☐ **PARTE 1 — COMO PASSAR PELO VALE DAS PROVAS** 9

Capítulo 1 — Provas que o crente enfrenta nos vales da vida 15

Capítulo 2 — Como vencemos as provas no vale 27

☐ **PARTE 2 — COMO TRANSFORMAR O SOFRIMENTO EM TRIUNFO** 45

Capítulo 3 — Questões fundamentais sobre o sofrimento 51

Capítulo 4 — O propósito do sofrimento 57

☐ **PARTE 3 — DEUS NÃO DESISTE DE VOCÊ** 77

Capítulo 5 — A queda de Pedro 81

Capítulo 6 — Não corra o risco de cair 95

Capítulo 7 — A restauração de Pedro pode ser a sua 101

❏ PARTE 4 — SE DEUS NOS AMA, POR QUE SOFREMOS?   109

CAPÍTULO 8 — O exemplo de Paulo   115

CAPÍTULO 9 — As lições   121

INTRODUÇÃO

O livro que você, leitor, tem em mãos, *Provas & crises*, tem como propósito animar e consolar o seu coração em meio às lutas e provas da vida. Não caminhamos sobre tapetes aveludados, nem vivemos numa colônia de férias. Cruzamos desertos tórridos, navegamos em mares revoltos e enfrentamos ao longo da jornada muitas tempestades. Não poucas vezes, a providência torna-se carrancuda e sentimos na carne o látego da dor.

Quando a dor assola o nosso peito, muito frequentemente, como Jesus, estamos sozinhos, prostrados sobre os joelhos, erguendo aos céus nosso clamor e vertendo copiosas lágrimas. Mesmo, porém, que nos falte o consolo dos homens, sempre teremos o refrigério que vem de Deus. Mesmo que as circunstâncias não sejam serenadas, nosso coração será fortalecido e consolado.

O sofrimento não é um acidente na vida do cristão; é uma agenda. O sofrimento é a escola superior do Espírito Santo, onde Ele forja nosso caráter, para transformar-nos à imagem de Cristo. Deus está trabalhando em nós para esculpir em nossa vida a beleza de

Cristo. O sofrimento é pedagógico. Deus não desperdiça sofrimento na vida de seus filhos. Quando passamos pelo vale, sentimos em nosso coração o terreno plano. Quando descemos aos abismos mais profundos da nossa dor, Deus nos afaga em Seus braços, enxuga nossas lágrimas e tonifica as musculaturas da nossa alma.

Mesmo que choremos amargamente por causa de nossas fraquezas e de nossas quedas, o Senhor Jesus não desiste de nós. Ele nos confronta com doçura, nos restaura com Sua graça e nos recoloca no caminho do serviço. Mesmo que, como Pedro, venhamos a desistir, o Senhor jamais desiste de nós. Sua graça é maior do que o nosso pecado. O Senhor mesmo é aquele que cura nossas memórias amargas, apaga as nossas transgressões e nos enche com o poder do Seu Espírito Santo, para vivermos em santidade e proclamarmos Sua Palavra com autoridade.

O sofrimento na vida do cristão não é ausência nem negação do amor de Deus. Como Jesus, aprendemos pelas coisas que sofremos. Podemos nos gloriar nas próprias tribulações, sabendo que a tribulação produz paciência triunfante, e a paciência triunfante produz experiência com Deus, e a experiência nos leva a ter nEle uma esperança inabalável.

Minha ardente oração é que esta singela obra seja um tônico bendito para sua alma, trazendo ao seu coração consolo e paz.

Boa leitura!

PARTE 1

COMO PASSAR PELO VALE DAS PROVAS

Em seguida, foi Jesus com eles a um lugar chamado Getsêmani e disse aos seus discípulos: Assentai-vos aqui, enquanto eu vou ali orar; e, levando consigo a Pedro e aos dois filhos de Zebedeu, começou a entristecer-se e a angustiar-se.

Então, lhes disse: A minha alma está profundamente triste até à morte; ficai aqui e vigiai comigo.

Adiantando-se um pouco, prostrou-se sobre o seu rosto, orando e dizendo: Meu Pai, se possível, passe de mim este cálice! Todavia, não seja como eu quero, e sim como tu queres.

E, voltando para os discípulos, achou-os dormindo; e disse a Pedro: Então, nem uma hora pudestes vós vigiar comigo?

Vigiai e orai, para que não entreis em tentação; o espírito, na verdade, está pronto; mas a carne é fraca.

Tornando a retirar-se, orou de novo, dizendo: Meu Pai, se não é possível passar de mim este cálice sem que eu o beba, faça-se a tua vontade.

E, voltando, achou-os outra vez dormindo; porque os seus olhos estavam pesados.

Deixando-os novamente, foi orar pela terceira vez, repetindo as mesmas palavras.

Então, voltou para os discípulos e lhes disse: Ainda dormis e repousais! Eis que é chegada a hora, e o Filho do homem está sendo entregue nas mãos de pecadores.

Levantai-vos, vamos! Eis que o traidor se aproxima.

MATEUS 26.36-46

O tema deste livro é "Provas & crises". Há duas verdades inquestionáveis, confirmadas, absolutas, inevitáveis. A primeira é que todos os crentes, sem exceção, passam, ou estão passando, ou passarão, pelo vale das provas.

A segunda verdade é que nem todos conseguem sair desse vale vitoriosos. O Senhor Jesus Cristo acabara de deixar o Cenáculo, onde estivera ministrando ao coração dos Seus discípulos. Desceu o monte Sião, cruzou o vale do Cedrom, mergulhou nas fraldas do monte das Oliveiras, no jardim do Getsêmani. Diz o evangelista João que o traidor sabia onde Jesus estava, porque Ele estivera naquele local muitas vezes.

Getsêmani era um lugar de oração, um lugar de refúgio, onde Jesus estivera na presença do Pai por muitas vezes. E que lugar era esse? *Getsêmani* significa "lagar de azeite, prensa de azeite", onde as azeitonas eram esmagadas, pisadas e prensadas para daí se extrair o produto precioso do azeite. E não foi em outro lugar, senão neste, em que Jesus entrou na mais titânica de todas as lutas, em que Jesus mergulhou na batalha mais renhida.

Ali Ele travou uma luta de sangrento suor porque estava pesando na balança do Getsêmani o destino da humanidade. Foi no lugar onde as azeitonas foram prensadas, esmagadas e pisadas que o Filho de Deus também foi moído pelas nossas iniquidades, onde o Filho de Deus foi golpeado pelo nosso pecado, onde o Filho de Deus entrou numa guerra tremenda, quando o Seu suor se transformou em gotas de sangue, para Ele sair dali vitorioso.

Foi num jardim que Adão perdeu o paraíso, e haveria de ser num jardim que o Filho de Deus iria reconquistar novamente o paraíso. Então convido o leitor a olhar por essas quatro janelas da eternidade, a contemplar essas quatro frondosas oliveiras dos quatro evangelhos, para perceber o sentimento e o drama que o Filho de Deus estava vivendo.

O traidor já havia sido possuído por Satanás. Pedro já tinha sido avisado de que negaria Jesus, a despeito da sua autoconfiança. Os sacerdotes, na calada da noite, já tramavam contra a vida de Jesus. Planos diabólicos estavam sendo costurados, mancomunados para levar Jesus Cristo à morte. E é nesse contexto que o leitor precisa aprender algumas lições com o Senhor Jesus Cristo. Precisa olhar duas lições fundamentais nesse texto bíblico, como veremos a seguir.

CAPÍTULO 1

PROVAS QUE O CRENTE ENFRENTA NOS VALES DA VIDA

A primeira grande lição do texto em foco é que tipo de provas o crente enfrenta nos vales da vida.

TRISTEZA E ANGÚSTIA

A primeira prova que o crente enfrenta é a tristeza e angústia. Leia novamente o texto, observando com mais vagar os versículos 37 e 38. Você pode imaginar esse fato? O Deus Todo-poderoso, o Deus encarnado, o Deus da glória, Aquele que era a exata expressão do ser de Deus, Aquele que possuía no Seu corpo toda a plenitude da divindade, Aquele que refletia na face a glória do Pai, agora está tomado, encharcado, dominado, completamente tomado e envolvido por uma angústia e uma tristeza terríveis e avassaladoras. E você, leitor, muitas vezes também está cruzando, já cruzou ou vai cruzar os vales da tristeza.

Jesus Cristo sentiu tristeza em outras ocasiões da Sua vida. A Bíblia diz que Ele um dia estava em Betânia; Seu amigo Lázaro estava morto, sepultado.

Quando perguntou "Onde o sepultaram?", mostraram a Ele, e a Bíblia diz que Jesus chorou! Quantas vezes você já chorou pela enfermidade de um parente, quantas vezes já chorou pela perda de um ente querido, quantas vezes já se entristeceu, quantas vezes a sua alma já se angustiou diante desse cenário sombrio da tristeza que dominou o seu coração, que acometeu a sua mente, que invadiu a sua alma, que açoitou o seu coração?

As Escrituras dizem que certa feita o Senhor Jesus Cristo chegou ao monte das Oliveiras, olhou para a cidade de Jerusalém e começou a chorar. E a Bíblia nos informa que foi um choro convulsivo. Quando Ele olhou, disse: "Jerusalém, Jerusalém, quantas vezes quis eu agasalhar-te debaixo dos meus braços, como uma galinha agasalha os seus filhotes, mas tu não quiseste". Quantas vezes você, leitor, já chorou e se entristeceu porque um amigo ou um parente se recusa, terminantemente, a ouvir a voz de Deus, a receber a graça de Deus? Quantas vezes você já chorou por um marido, por uma esposa, por um filho, por um pai, por um amigo, por que ele não quer a graça de Deus na sua vida? Mas agora Jesus está triste outra vez, num cenário bem diferente. Observe o leitor, no texto, cinco degraus da tristeza de Jesus que foi se intensificando e se agigantando.

Preste atenção! O primeiro degrau está no versículo 37, que afirma que Ele começou a entristecer-Se e a angustiar-Se. Era um sentimento íntimo, subjetivo, que Ele não havia compartilhado com ninguém. Talvez, amado leitor, a sua tristeza seja exatamente assim: está doendo, está machucando, está ferindo, e você está guardando a ferida lá no seu coração. Você está sofrendo calado, sozinho, sem ter compartilhado com a pessoa mais íntima que você tem, carregando sozinho no peito o espectro dessa dor.

Vemos o segundo degrau, o segundo estágio da tristeza de Jesus, no versículo 38, quando Jesus diz: *... minha alma está profundamente triste até à morte.* Agora Jesus abre o coração, agora Ele desabrocha a sua alma, agora Ele não guarda para Si, agora Ele conta para os outros, agora Ele diz aos discípulos, agora Ele compartilha a Sua dor, agora Ele não pode mais conter esse vulcão que está dentro dEle, agora Ele precisa deixar vazar pelos poros da Sua alma, pelas janelas do Seu coração, pelas comportas da Sua vida, essa tristeza que não pode mais ser contida. É uma tristeza muito grande, é uma dor muito profunda, é uma dor avassaladora.

O terceiro degrau dessa tristeza de Jesus está no versículo 39, quando Ele chega diante de Deus, diante do Seu Pai, e diz: *Pai, se possível, passe de mim este cálice*. É quando você chega diante de Deus com a sua dor, com a sua tristeza, com a sua angústia e diz: "Meu Deus, poupe-me dessa situação, Senhor. Meu Deus, se possível tire de mim essa dor, tire de mim essa angústia, tire de mim esse cálice".

O quarto degrau, vemos no versículo 39, quando o Senhor Jesus Cristo vai orar. *Deixando-os novamente, foi orar pela terceira vez, repetindo as mesmas palavras.* O quarto degrau é quando você pede a Deus a mesma coisa. É quando você insiste com Deus para tirar a dor e a angústia que assolam o seu coração.

Mas o último degrau dessa tristeza e angústia de Jesus está registrado em Lucas 22.44. A Bíblia diz que Jesus, nessa batalha com Deus, começou a suar, e Seu suor se transformou em gotas de sangue. Agora reflita e pergunte: Por que Jesus está triste, por que está angustiado? Seria porque Judas O trairia, porque Pedro O negaria, porque a multidão O trocaria por Barrabás, porque Pilatos O entregaria, porque os soldados O crucificariam, ou por que os discípulos O abandonariam? Mas com certeza a angústia e tristeza que Jesus sentiu tem quatro aspectos distintos que podemos observar a seguir.

O primeiro aspecto é temporal. Jesus estava profundamente consciente de que a Sua hora havia chegado. Aquela hora que Ele tantas vezes dissera que não era chegada, agora Ele entendia: "Chegou a minha hora, o Filho será glorificado, agora o Pai glorificará o Filho, e a glorificação do Pai será por intermédio de minha morte". Ele não podia mais protelar aquele momento; era a hora de beber o cálice da morte em lugar dos remidos de Deus, dos escolhidos de Deus.

O segundo aspecto é físico. Jesus seria entregue pelas mãos dos pecadores e sabia o que fariam com Ele: iriam açoitá-Lo e cuspir no Seu rosto. O leitor já pensou sobre isso? O Criador do universo cuspido no rosto? Já pensou naquelas mãos que fizeram o universo sendo amarradas e pregadas numa cruz? Já pensou no escárnio que fizeram com Ele amarrando Suas mãos, vendando Seus olhos e batendo com um caniço em Sua cabeça enquanto diziam: *Profetiza, profetiza, ó filho do homem?* Já pensou no escárnio em colocar uma coroa de espinhos e forçá-la até que a Sua cabeça fosse rasgada para que a Sua fronte fosse furada e dela saísse sangue? Jesus sabia a tortura, o sofrimento, o suplício, a dor horrenda, o martírio terrível que teria de enfrentar.

O terceiro aspecto da agonia de Jesus é moral. A Bíblia diz que Ele foi crucificado como malfeitor, como Alguém que Se insurgiu contra César, como Alguém que Se insurgiu contra a religião judaica, sendo um blasfemo. Imagine a dor moral de Jesus em ser suspenso naquela cruz entre dois ladrões, entre dois salteadores, sendo considerado como um deles, Ele que é um benfeitor da humanidade, Ele que é o Salvador do mundo!

Mas há um quarto aspecto desse sofrimento de Jesus, que é espiritual. Por que Jesus sofreu? É porque a Sua alma imaculada e santa estava sendo borrifada pelo meu e pelo seu pecado. A Bíblia diz que Aquele que não conheceu pecado, Deus O fez pecado por nós. A Bíblia diz que Aquele que é bendito eternamente foi feito maldição por nós. A Bíblia diz que o veneno letal da antiga serpente, Satanás, que é o pecado, é que está envenenando a vida do crente, que está sufocando a sua vida, e esse veneno foi lançado sobre o Filho de Deus. E todo aquele que olhar para Jesus será salvo. Louvado seja o Senhor! Essa é a angústia que dominou o coração do Senhor Jesus Cristo. Caro leitor, como você tem passado pelo vale das tristezas?

SOLIDÃO

A segunda prova que o crente enfrenta no vale das provas é a solidão. Observe no versículo 39 que o Senhor Jesus Cristo agora vai orar sozinho.

Adiantando-Se um pouco, não havia ninguém mais com Ele. Esse fato ensina que nas provas da vida, muitas vezes, você, leitor, ficará sozinho! Não tem jeito; você terá de enfrentar a situação sozinho! E você vê essa mesma situação na vida de Jesus. O evangelista João diz que a multidão que acompanhava Jesus O deixa, O abandona.

Agora, um dos discípulos se desgarra do rebanho: Judas sai, possuído por Satanás. Ele entra com os onze discípulos no Getsêmani, deixa oito deles para trás e caminha mais um pouco com os outros três. Mas quando Jesus tem de beber o cálice da dor, do sacrifício vicário, adianta-Se um pouco e está sozinho. Muitas coisas Jesus disse para a multidão; mas, quando falou do traidor, só falou para os onze. E, quando falou da sua profunda angústia, só falou para os três: Pedro, Tiago e João. Mas, quando Ele Se prostrou diante do Pai e disse: *Meu Pai, se possível, passe de mim esse cálice!*, Jesus estava sozinho! Com certeza, caro leitor, todo crente fiel cruzará o vale das provas também sozinho.

Quando Paulo estava preso numa masmorra, ele disse: *Todos me abandonaram*. Todos. Ele estava sozinho no vale da solidão! Quando João foi isolado na ilha de Patmos para trabalhos forçados, por ordem de Domiciano, ele estava enfrentando o seu vale da solidão sozinho. Quando Jó foi açoitado pela dor, abandonado por sua mulher, criticado e acusado levianamente por seus amigos, ele sofreu o seu Calvário, experimentou o seu Getsêmani sozinho. E você, querido leitor, como tem enfrentado o seu vale da solidão? Com certeza você terá de passar pelo vale da solidão. Ninguém pode passar com você.

Ingratidão

A terceira prova, caro leitor, é o vale da ingratidão. Jesus investiu na vida de Judas, lembra-se disso? Jesus andou com esse homem, Jesus ensinou esse homem, Jesus ministrou ao coração dele. Jesus o escolheu para ser o tesoureiro do grupo apostólico, um cargo de estrita confiança. Jesus lavou os seus pés e o amou. Jesus demonstrou sincera amizade por ele quando molhou o pão e o entregou a Judas. Esse era um símbolo de amizade, de comunhão, de amor. Jesus o chamou de amigo. No entanto, a despeito de investir tanto na vida desse homem, Judas vendeu Jesus por cobiça e traiu Jesus com um beijo. Na caminhada da vida, caro leitor, você enfrentará muitas vezes a ingratidão. Dentro de casa, na sua família, por parte do seu marido, da sua esposa, de seu pai, de seus filhos, de seus amigos. Gente em que você investiu tempo, a quem dedicou atenção, para quem você deu amor, a quem você doou a própria vida, o próprio sangue, vai se voltar contra você, vai falar mal de você, vai criticar você, vai pisar você, vai escarnecer de você, vai entregar você.

Você certamente conhece aquela história antiga quando César Augusto encontrou um homem na sarjeta, Brutus. Levantou esse homem do pó, da cinza, do opróbrio e investiu na vida dele. Fez dele um grande homem, um nobre, um dos homens mais famosos do império. Porém, de repente, o senado romano conspira contra César Augusto. E num dia fatídico o próprio senado apunhala César Augusto e o mata. E no meio da súcia criminosa que conspira contra César Augusto estava Brutus, também o apunhalando. E César Augusto se volta para os seus algozes e, expondo a traição de Brutus, questiona: "Até tu, Brutus?" Quantas vezes aqueles a quem você ajudou, aqueles a quem você abençoou, aqueles a quem você fez de tudo para levantar poderão se erguer contra você! Não foi diferente com Jesus Cristo. No vale das provas, nós enfrentamos ingratidão.

CAPÍTULO 2

COMO VENCEMOS
AS PROVAS NO VALE

O segundo ponto desta mensagem é o aspecto mais positivo. A segunda lição é como são vencidas as provas no vale. Como ficou claro, não há dúvida de que o crente passará por provações. A questão é saber como vencer as provas, como sair lá na frente, como triunfar nas crises.

Jesus nos ensina, caro leitor, que as provas no vale são vencidas por meio da oração. Você pode ver nos versículos 39 a 44. E o que acontece, em geral, quando as pessoas são provadas? As reações são as mais diferentes. Muita gente começa a murmurar. Muita gente começa a questionar: "Onde está Deus?" Muita gente se revolta contra Deus, como a mulher de Jó. Outras pessoas se escandalizam com Deus, deixam de falar com Deus, deixam de ler a Bíblia, deixam de frequentar a igreja, deixam de buscar a face do Senhor. Jesus nos ensina uma coisa tremenda! Na hora da prova, a única maneira de você vencer é buscar a Deus em oração.

PROVAS & CRISES

Mais uma vez, quero que você olhe para Jesus, para ver como Ele orou. A vida de oração do crente, em geral, está lá embaixo. A média de oração do povo de Deus não passa, geralmente, de quinze minutos por dia! E, se você deseja ser vitorioso nas provas, tem de olhar para Jesus e ver como Ele orou. E há aqui cinco características da oração de Jesus que você precisa observar.

HUMILHAÇÃO

A primeira característica da oração de Jesus é a humilhação. Diz a Bíblia que Jesus Se prostrou com o rosto em terra. Ele Se humilhou. Pense nisto: o Deus eterno de joelhos! Imagine o seguinte: Ele, que é o Deus dos deuses, com o rosto em terra, prostrado. Como então eu e você, que somos barro, não devemos orar na hora da crise?

INTENSIDADE

A segunda característica da oração de Jesus é a intensidade. Diz a Bíblia em Lucas 22.44 que Jesus orou, e orou com tamanho fervor, com tamanha intensidade, com tamanho investimento de alma, que o Seu suor se transformou em gotas de sangue. Com que intensidade você ora, caro leitor? Com que intensidade você busca a Deus, com que intensidade você entra na guerra, no conflito, na batalha, lutando em oração?

PERSEVERANÇA

A terceira característica da oração de Jesus é a perseverança. Ele orou uma vez, uma segunda vez e uma terceira vez. E, se você examinar detidamente o texto, verá que há uma progressão na oração de Jesus. A princípio, Ele disse: "Senhor, passa de mim este cálice". Na segunda vez, disse: "Meu Deus, se não é possível, então faça-se a tua vontade". E, na terceira vez, Ele disse: "Meu Deus, seja feita a tua vontade". Estamos falando sobre Alguém que ora e que luta com Deus não para que a vontade de Deus mude, mas Ele entra na guerra para que a vontade de Deus se cumpra na Sua vida. Muitas vezes nossas lutas são para que a nossa vontade prevaleça. Mas o que é importante é nos sujeitarmos à vontade de Deus. Não há da parte do Senhor nenhuma ação de decretar nada para Deus. Não se vê Jesus Cristo dizendo a Deus: "Eu não aceito o sofrimento, eu não aceito esse cálice". Só se vê Jesus prostrado, humilhado, com o rosto em terra, com o rosto no pó, dizendo: "Meu Deus, seja feita a tua vontade".

VIGILÂNCIA

A quarta característica da oração de Jesus é a vigilância. Veja no versículo 41 que Jesus exorta os discípulos, dizendo: *Vigiai e orai, para que não entreis em tentação*. Jesus alerta os discípulos para vigiar e orar. Caro leitor, na hora da prova, se você não vigiar, se não orar, você pode cair. E há aqui algumas coisas sobre vigilância que impressionam.

A primeira delas é que os discípulos não vigiaram, mas dormiram na batalha. Para quem não vigia nem ora, a situação pode estar pegando fogo e a pessoa não entendendo nada. Ela dorme.

A segunda é que, porque eles não vigiaram, diz a Bíblia, não sabiam o que responder. Quem não ora não tem palavra nenhuma para dizer. Na hora do conflito, na hora da luta, na hora da batalha, na hora em que a situação exige uma palavra de ânimo, de encorajamento, não há nada a oferecer, não há como abençoar, não há palavra de conforto para confortar. Se não há intimidade com Deus, se alguém não está bebendo das fontes, da graça do Senhor, não sabe o que falar.

A terceira questão é que eles não vigiaram, ficaram com medo e fugiram. E a quarta é que, como eles não vigiaram, Pedro reagiu pela carne, pegando a espada e cortando a orelha do servo do sumo sacerdote. Quando não há vigilância, pode não se entender a natureza da luta, da batalha que está se travando.

Submissão à vontade do Pai

Caro leitor, a oração do Senhor Jesus Cristo tem uma quinta característica, que é a submissão à vontade do Pai. É necessário entender que a oração não é para que a vontade do homem seja feita no céu. A oração é para que a vontade do Pai seja feita na terra. O "faça-se a minha vontade, e não a Tua" transformou o paraíso num deserto, lá no Éden. Mas o "faça-se a Tua vontade, e não a minha" transformou o deserto da humanidade no jardim da redenção. Como você tem orado quando passa pelo vale das provas? O que você tem feito no vale das provas?

Primeiro, você deve orar. Vença por meio da oração. Segundo, no vale das provas, triunfe por meio da confiança em Deus. Leia Marcos 14.36, o texto paralelo a este, que descreve quando Jesus Se dobrou, Se ajoelhou, Se prostrou para orar, e disse: *Aba, Pai*. A palavra "Aba" contém e encerra um oceano de significados. Não era um termo empregado para se dirigir a Deus. Era uma palavra que uma criancinha, em tenra idade, usava para se dirigir a seu pai. Quando Jesus disse: *Aba, Pai*, ele estava reafirmando que o Seu Deus era o Seu Pai; que o Seu Pai era o Seu Deus; que a Sua vida estava nas mãos não de um Deus distante, estranho, indiferente, mas nas mãos do Seu Pai.

Lembre-se disto, caro leitor, quando você estiver passando pelas provas: Deus não permitirá que você verta uma única lágrima inutilmente. Deus não é sádico, Deus não é carrasco; Deus é amor, Deus é bondade, Deus é misericordioso. Deus ama você muito mais do que você e eu podemos amar os nossos filhos. Deus não tem prazer em ver os Seus filhos sofrendo.

Quando Deus permite que você passe pelo vale das provas, saiba que Ele está no controle, que Ele está no comando, que Ele é seu Pai querido, que você pode se agasalhar no Seu colo e nos Seus braços. Pode confiar nEle. Pode dizer como o salmista: "Bondade e misericórdia certamente me seguirão todos os dias da minha vida. E eu vou, enfim, habitar na casa do Senhor para todo o sempre". Terceiro, o que fazer quando você estiver passando pelo vale das provas? Busque solidariedade. Veja o versículo 38 do texto lido. Jesus disse aos discípulos: *A minha alma está profundamente triste até à morte; ficai aqui e vigiai comigo.* Isso é lindo! Jesus mostra aqui a Sua perfeita humanidade. Quando Ele entrou naquele jardim, buscava duas coisas intensamente. Ele desejava comunhão humana e comunhão divina.

Amado leitor, nos momentos de provação, você precisa de alguém ao seu lado; não queira curtir a sua dor sozinho, não queira viver isolado. Há momentos pelos quais você tem de passar sozinho mesmo, mas há momentos em que você precisa de alguém do seu lado. E é maravilhoso ver como Jesus agiu nesse momento: Ele não pediu nada aos discípulos; Ele não queria ouvir nada dos discípulos. A única coisa que Ele pediu aos discípulos foi: "Fiquem aqui e vigiem comigo". Quando você está passando por um momento de dor, às vezes nem é hora de ficar escutando muitos discursos, muitos sermões, muita exortação, não!

Quando você está passando por um momento pelo vale de dor, não é hora de pessoas encherem você de questionamentos teológicos, como fizeram os amigos de Jó. Quando você está passando por um momento de dor, a coisa mais importante é que alguém chegue e fique ao seu lado, que alguém fique perto de você. E foi isso que Jesus pediu: *Fiquem comigo, vigiem comigo, estejam do meu lado.*

O triste é que muitas vezes, quando um filho de Deus começa a passar por um momento difícil, o povo de Deus foge, todo mundo foge. É muito mais confortante estar perto de pessoas alegres, felizes, com saúde, ganhando muito dinheiro. É uma maravilha! Agora, o Senhor Jesus ensina que, quando alguém está passando pelo vale da dor, é hora de se aproximar dessa pessoa, é hora de ficar perto dela, é hora de ministrar a graça de Deus, o consolo do Espírito Santo, ao seu coração.

É gratificante acompanhar o que aconteceu quando Paulo estava preso em Roma. Veja o que o grande apóstolo disse: "Traz, por favor, o João Marcos, para ficar aqui comigo. Aquele jovem que um dia eu dispensei na viagem missionária, traz esse homem, eu preciso dele. Ele me é útil agora". Aquele gigante escreve para o seu filho Timóteo, dizendo: "Timóteo, venha depressa, meu filho, venha depressa. Venha antes do inverno, venha ficar comigo, meu filho; estou precisando de alguém do meu lado". Precisamos de solidariedade.

Quarto, ao passar pelo vale das provas, você precisa atravessar esse vale corajosamente. Veja que, no versículo 46 do texto, ao terminar de orar, Jesus diz: *Levantai-vos, vamos! Eis que o traidor se aproxima.* A reação de Jesus não é escapar, não é fugir; a reação de Jesus é enfrentar.

E sabe por que Jesus tem coragem de enfrentar? Porque Ele passou o tempo orando, por isso não Se acovardou como os discípulos, porque estava na presença do Pai. Agora é hora de ação, de enfrentamento.

A oração não é uma preparação para a fuga dos problemas. A oração é para o enfrentamento dos problemas, para vencer os problemas. Sem oração, você foge assim que a coisa aperta. É preciso orar. Foi por isso que Jesus orou. E, porque orou, Ele Se levantou e disse: "Vamos enfrentar o inimigo, porque ele já está se aproximando". Jesus não fugiu nem Se acovardou.

Finalmente, em último lugar, como passar pelo vale das provas? O vale das provas é o lugar para receber a consolação de Deus. Aleluia! Lucas registra que, quando Jesus estava lá suando gotas de sangue, um anjo dos céus, um anjo de Deus, desceu e veio consolá-Lo.

Há duas coisas importantes que você precisa saber. Quando você estiver passando por um vale de provas, Deus poderá fazer duas coisas por você. Primeira, Ele poderá lhe dar livramento, como deu livramento a Daniel na cova dos leões, como deu livramento aos amigos de Daniel na fornalha ardente, como mandou um anjo para romper as cadeias da prisão máxima de Herodes e tirar Pedro de lá. Segunda, Ele pode fazer o que fez com Paulo quando estava com um espinho na carne. O apóstolo disse: "Meu Deus, tira de mim esse espinho; meu Deus, tira de mim esse espinho; ó meu Deus, tira de mim esse espinho!" E Paulo escutou Deus falando com ele: "Não, meu filho, não vou tirar, mas vou lhe dar a minha graça. Não vou remover o problema; vou dar força para você enfrentar e vencer o problema. A minha graça lhe basta". Jesus chegou para o Pai e disse: *Meu Pai, se possível, passe de mim este cálice!* E o Pai não afastou dEle o cálice, mas mandou um anjo para consolar Jesus, para que o Senhor bebesse o cálice vitoriosamente.

Caro leitor, é absolutamente seguro que Deus pode confortar o seu coração nas horas das provas. Tiago diz no capítulo 1, versículo 2, da sua carta: ... *tende por motivo de toda alegria o passardes por várias provações.* E é muito bonito saber que a palavra "várias", no grego, significa provações de todas as cores. A palavra "várias" ali significa todas as cores, multicoloridas.

O pastor Jeremias, em uma fita de vídeo ensinando sobre esse texto, afirma que há provação de toda cor. Há provação que é rosa-clarinho, igual a esmalte de noiva. Ele disse que toda noiva passa assim um esmalte rosa-clarinho. Há provação que é rosa-clarinho. Tranquilo, essa dá para vencer, dá para saltar por cima, dá para enfrentar. Mas outra prova já é rosa-choque, porque a coisa já não é tão fácil. Já é mais complicada. Mas há outra prova que é vermelha, cor de sangue, de dor. E há outra prova que é roxa, quando as coisas ficam realmente apertadas, difíceis. E há outra prova que é escura como a noite tenebrosa, é luto, é solidão. Deus permite muitas vezes que nós enfrentemos toda sorte, toda cor de tribulação.

Mas a Bíblia diz em 1Pedro 5.10 que o Deus de toda graça nos assiste. E a expressão "toda graça" é a mesma que se encontra em Tiago 1.2, *de toda cor.* Sabe o que isso significa? Que, para cada cor de tribulação que você enfrentar, Deus tem uma cor de graça para lhe conceder. Se você enfrentar uma tribulação rosa-clarinho, Deus tem uma graça rosa-clarinho para lhe dar. Se você enfrentar uma tribulação tipo rosa--choque, Deus tem uma graça suficiente para você enfrentá-la. Se você enfrentar uma tribulação escura como a noite tenebrosa, Deus lhe dará graça para passar por essa noite tenebrosa.

Louvado seja o Senhor! Ele é o Deus de toda consolação. Jesus entrou no Getsêmani profundamente triste e saiu do Getsêmani absolutamente consolado para enfrentar a cruz. Como você tem saído das provas da vida: derrotado ou vitorioso?

Deus está neste lugar, como estava no jardim de Getsêmani. Ore a Ele neste instante. Há muitos que têm enfrentado muitas lutas, muitas provas. Às vezes você está como Jesus, começando a entristecer--se e começando a se angustiar. Talvez você não tenha contado nada para ninguém ainda, mas está doendo muito. Quem sabe o seu relacionamento em sua casa, no seu lar, não esteja bom, não esteja do jeito que sonhou nem do jeito que você quer. Mas você não tem condições de compartilhar isso com seu marido, com sua esposa. Talvez a situação esteja tensa entre você e seus filhos. Você não sabe o que fazer, está angustiado e triste, muito triste! Quem sabe o problema seja a sua saúde, ou um problema financeiro, ou a iminência de você ser mandado embora da sua empresa. Ou você está desempregado e não vê saída para sua vida. O país fala em crise, o mundo fala em arrocho, em recessão, parece que tudo está muito sombrio para o seu coração. Tristeza, angústia! Quem sabe você até já tenha extravasado a sua tristeza, compartilhado isso com outras pessoas. Mas está doendo demais, doendo muito! E você vai dizer: "A minha alma está profundamente triste até a morte". Tristeza angustiosa mesmo! E Deus está aqui e conhece o seu coração. As lutas são inevitáveis. E você tem de passar pelas provas da tristeza, pelas provas da solidão, pelas provas da ingratidão. Mas Deus pode lhe dar força para orar, para confiar. Deus pode lhe dar força para você buscar solidariedade. Deus pode lhe dar força para você buscar, o consolar e lhe dar vitória.

Ore a Deus por um tempo de consolação, por um tempo de refrigério, por um tempo de visitação de Deus na sua vida. Deus é o Deus de toda consolação, é o Pai de misericórdia, é o Deus que age. E, quando Ele não remove o problema, a dor, é porque tem um plano maravilhoso e eterno e lhe dará graça para enfrentar a sua luta. Deus é poderoso para fazer infinitamente mais do que pedimos ou pensamos. Ele conhece a sua dor, Ele conhece o seu problema, Ele conhece a sua necessidade, Ele conhece a sua vida. Ele é Pai. Você pode dizer: "Aba, Pai, querido paizinho, Tu conheces a minha vida, Tu sabes do que eu estou precisando nesta situação".

Fale com Deus. Há momentos em que você precisa abrir o seu coração para o Senhor. Faça o que Jesus Cristo fez lá no Getsêmani, exponha a sua dor para Deus. Diga a Ele o que está passando no seu coração.

Oração

Ó Deus bendito, ó Deus de toda glória, Pai do nosso Senhor Jesus Cristo, Tu conheces a vida do Teu povo, Senhor. Tu conheces o nosso passado, conheces o nosso presente, conheces o nosso futuro, meu Deus. Tu sabes, ó Pai, que muitas vezes o nosso coração, à semelhança de Jesus, tem ficado triste, Senhor.

Tantas vezes, meu Deus, entramos num beco de opressão, somos encurralados de todos os lados. Não vemos saída, não vemos resposta, não vemos solução, não vemos alternativas. Parece que o mundo desabou sobre a nossa cabeça. A tristeza e a angústia tomaram conta de nós. Muitas vezes, meu Deus, a vigília da solidariedade se transforma no sono da fuga, e aqueles que deviam estar ao nosso lado para nos consolar e sustentar as nossas mãos desistem de nós.

Ó meu Deus, precisamos de Ti, Senhor. Porque, muitas vezes, Senhor, até mesmo a ingratidão, até mesmo, meu Deus, aqueles mais achegados a nós, nos viram as costas. Tem misericórdia de nós, Senhor, e nos assiste em nossa fraqueza. E consola o nosso coração, meu Deus, e nos ensina a orar, Senhor. Quando a luta chegar, meu Deus, dobra o nosso coração, dobra os nossos joelhos, Senhor.

Ó querido Deus, dá-nos confiança para olhar para o Senhor e Te chamar de Aba, Pai. Saber que a nossa vida está nos braços do Deus vivo, do Deus eterno, do Deus soberano, do Deus que é nosso Pai, que nos ama com amor eterno.

Senhor, ajuda-nos, meu Deus, para que, nessas horas difíceis das provas, alguém fique do nosso lado, Senhor. Nós somos humanos, Tu bem sabes, precisamos de um amigo, precisamos de um braço estendido para nós, precisamos de alguém que nos acaricie e nos toque, e nos encoraje. Quem sabe fique do nosso lado sem falar uma palavra sequer, mas esteja do nosso lado, Senhor.

Meu Deus, dá-nos ânimo para não fugir, mas para enfrentar as lutas como Jesus enfrentou. Ó Deus, manda o conforto do Espírito Santo para nós, manda o Teu anjo, Senhor, para nos consolar. Mas mais do que isso, Senhor, Tu já mandaste o teu Espírito, o divino e supremo Consolador. Louvado seja o Teu nome porque Ele está conosco, Ele está em nós. E Ele nos assiste em toda a nossa fraqueza.

Senhor, sustenta o Teu povo, refrigera o coração do Teu povo, consola a alma do Teu povo, Senhor. Meu Deus, se existe alguém enfermo, ó Deus, cura, Senhor, se for a Tua vontade. Manifesta o Teu poder se assim quiseres. Ó meu Deus, Tu podes fazer isso, libertando da enfermidade, da opressão, do medo, do desespero, do temor do amanhã, do temor da crise, do temor do desemprego, do temor da doença, do temor do abandono.

Ó Pai, sustenta o Teu povo, consola a Tua igreja, Senhor. Derrama o bálsamo do Espírito Santo sobre o Teu povo, meu Deus. E que o leitor, ao cruzar pelo vale das provas, possa sair desse vale vitorioso, para a glória do Teu nome. Que o Teu povo, ó Deus, passe pelas águas, passe pelo rio, passe pelo fogo vitoriosamente, que o Teu povo transforme esses vales em verdadeiros mananciais para a glória do Teu nome. Louvado seja o Teu nome, Senhor. No nome bendito do nosso amado Jesus Cristo. Aleluia. Amém.

PARTE 2

COMO TRANSFORMAR O SOFRIMENTO EM TRIUNFO

Ora, tendo Cristo sofrido na carne, armai-vos também vós do mesmo pensamento; pois aquele que sofreu na carne deixou o pecado, para que, no tempo que vos resta na carne, já não vivais de acordo com as paixões dos homens, mas segundo a vontade de Deus.

Porque basta o tempo decorrido para terdes executado a vontade dos gentios, tendo andado em dissoluções, concupiscências, borracheiras, orgias, bebedices e em detestáveis idolatrias.

Por isso, difamando-vos, estranham que não concorrais com eles ao mesmo excesso de devassidão, os quais hão de prestar contas àquele que é competente para julgar vivos e mortos; pois, para este fim, foi o evangelho pregado também a mortos, para que, mesmo julgados na carne segundo os homens, vivam no espírito segundo Deus.

Ora, o fim de todas as coisas está próximo; sede, portanto, criteriosos e sóbrios a bem das vossas orações.

Acima de tudo, porém, tende amor intenso uns para com os outros, porque o amor cobre multidão de pecados. Sede, mutuamente, hospitaleiros, sem murmuração.

Servi uns aos outros, cada um conforme o dom que recebeu, como bons despenseiros da multiforme graça de Deus.

Se alguém fala, fale de acordo com os oráculos de Deus; se alguém serve, faça-o na força que Deus supre, para que, em todas as coisas, seja Deus glorificado por meio de Jesus Cristo, a quem pertence a glória e o domínio pelos séculos dos séculos. Amém!

Amados, não estranheis o fogo ardente que surge no meio de vós, destinado a provar-vos como se alguma coisa extraordinária vos estivesse acontecendo; pelo contrário, alegrai-vos na medida em que sois coparticipantes dos sofrimentos de Cristo para que também, na revelação de sua glória, vos alegreis exultando.

Se, pelo nome de Cristo, sois injuriados, bem-aventurados sois, porque sobre vós repousa o Espírito da glória e de Deus.

Não sofra, porém, nenhum de vós como assassino, ou ladrão, ou malfeitor; ou como quem se intromete em negócios de outrem; mas, se sofrer como cristão, não se envergonhe disso; antes, glorifique a Deus com esse nome. Porque a ocasião de começar o juízo pela casa de Deus é chegada; ora, se primeiro vem

COMO TRANSFORMAR O SOFRIMENTO EM TRIUNFO ❑

por nós, qual será o fim daqueles que não obedecem ao evangelho de Deus?

E, se é com dificuldade que o justo é salvo, onde vai comparecer o ímpio, sim, o pecador?

Por isso, também os que sofrem segundo a vontade de Deus encomendem a sua alma ao fiel Criador na prática do bem.

1 PEDRO 4.1-19

Caro leitor, estou convencido e absolutamente seguro de que você certamente está com o coração apertado; estou convencido de que você está passando por momentos amargos e difíceis; estou convencido de que você tem chorado durante longas noites, com a alma apertada e aflita. Estou convencido de que você está passando por um vale sombrio de dor. Parece que isso não combina muito com o espírito da nossa época. Porque a nossa época parece buscar desenfreadamente o prazer, a felicidade, como fim último da vida. Talvez você se pergunte: "Por que um crente sofre? Será que é porque está em pecado? Será que é Deus quem está castigando? Será que ele sofre porque não tem fé? Será que ele sofre porque não sabe reivindicar os seus direitos espirituais?" Estou convencido daquilo que John Blanchard afirmou certa feita, que Deus prefere que tenhamos uma dor santa a um prazer profano.

Mas talvez a pergunta que se levanta hoje do fundo do seu coração seja: "Se existe sofrimento, será que Deus existe? Se Deus é bom, por que permite o sofrimento? Se Deus é justo, por que pessoas boas sofrem?"

Observe que o texto citado diz que este mundo está marcado pelo sofrimento. Nós estamos carimbados, tatuados pelo sofrimento. A Bíblia afirma que a natureza geme, que a igreja geme, e geme de dores. É bem verdade que algum tipo de sofrimento que você vive não é aquele sofrimento que dói na carne, mas na alma.

Talvez não seja um sofrimento que você possa aliviar com remédio, com analgésico, mas um sofrimento que consome você, que aflige a sua alma, que esmaga o seu peito, que amassa as suas emoções. É a ansiedade, é a solidão. É a perda de um relacionamento significativo, é o luto, é a enfermidade, é a crise que chega sem pedir licença e arromba a porta, não querendo ir embora, é o casamento que se desfaz, é o sofrimento emocional que abrange muitas vezes a sua mente, as suas emoções, o seu corpo e a sua alma.

CAPÍTULO 3

QUESTÕES FUNDAMENTAIS SOBRE O SOFRIMENTO

onvido você a analisar alguns aspectos do sofrimento, à luz do texto bíblico, mas preliminarmente quero levantar cinco questões fundamentais sobre o sofrimento.

A primeira verdade é que não temos nenhuma promessa bíblica de que Deus sempre vai nos poupar do sofrimento. Vida cristã não é sinônimo de vida indolor. Aliás, Agostinho disse, e precisamos concordar com ele, que Deus só teve um Filho na terra sem pecado, mas nenhum filho sem sofrimento. A Palavra de Deus assegura que vamos passar por rios, por ondas revoltas e pelo fogo. A mesma Bíblia que registra: "O Senhor é meu pastor e nada me faltará" também diz que vamos todos "passar pelo vale da sombra da morte".

A segunda verdade é que Deus trabalha nas circunstâncias dolorosas da nossa vida e as canaliza para o nosso bem. Esta é uma das verdades mais consoladoras da Escritura: a nossa dor não está alheia ao olhar benevolente de Deus. O sofrimento que você enfrenta não está escondido do olhar penetrante de

Deus. O seu sofrimento não está fora do controle de Deus. A Palavra de Deus diz que todas as coisas cooperam para o bem daqueles que amam a Deus. E, ainda quando os homens intentam o mal contra você, ainda quando as circunstâncias adversas conspiram contra a sua alma, a Bíblia diz que Deus reverte essas situações em bênçãos e benefícios para a sua vida. As mais fortes almas têm emergido do sofrimento, e os caracteres mais maciços estão cheios de cicatrizes.

A terceira verdade preliminar é que Deus transforma as circunstâncias adversas em benefício para nós. Amado leitor, há uma verdade que professamos que precisa fazer parte não apenas dos nossos manuais de teologia e dos nossos credos confessionais, mas se converter em prática, em vida no nosso dia a dia. E essa verdade é a seguinte: Deus está no controle da nossa vida; nenhum fio de cabelo da nossa cabeça pode cair sem que Ele saiba e permita. Nada acontece conosco que venha fugir ao controle e ao domínio de Deus. O apóstolo Paulo, escrevendo aos Filipenses, disse: "Eu quero que vocês saibam, meus irmãos, que as coisas que me aconteceram têm antes contribuído para o progresso do evangelho". Que coisas são essas? O próprio apóstolo responde: a sua perseguição em Damasco, a sua rejeição em Jerusalém, o seu esquecimento em Tarso, o seu apedrejamento em Listra, o seu açoitamento em Filipos, a sua expulsão de Tessalônica e Bereia, a zombaria que sofreu em Atenas, o escárnio que sofreu em Corinto, as lutas em Éfeso, a prisão em Jerusalém, as acusações em Cesareia, o naufrágio na viagem para a Itália, a picada de uma cobra em Malta e a prisão em Roma. Ele declarou que essas coisas adversas que lhe aconteceram não fugiram do controle de Deus, mas contribuíram para o seu bem.

A Palavra de Deus afirma no Salmo 84 que Deus transforma os nossos vales áridos em mananciais na nossa vida.

A quarta verdade preliminar é que, mesmo que as circunstâncias não mudem, Deus continuará sendo o motivo da sua alegria. Não é verdade que podemos dizer a alguém que está sofrendo para acalmar-se, porque as coisas vão melhorar. Na verdade, muitas vezes nada muda, pelo menos na dimensão do lado de cá da sepultura. Mas a perspectiva do cristianismo não é apenas para agora. Aqui Paulo diz: se a nossa esperança em Cristo se limitar apenas a esta vida, somos os mais infelizes de todos os homens. A nossa esperança não está aqui, a nossa consolação final não é aqui, a nossa recompensa final não é aqui. E Habacuque diz: *Ainda que o fruto da oliveira minta, ainda que não tenha gado no curral, ainda que não haja fruto na vide, ainda que tudo ao meu redor pareça estar seco e sem vida, eu me alegrarei no Deus da minha salvação.*

E a quinta e última verdade preliminar antes de entrarmos no trecho bíblico é que podemos nos alegrar em nossas próprias tribulações. Isso parece masoquismo, contraditório, paradoxal. Como alguém pode alegrar-se no sofrimento? Como alguém pode exultar sabendo que a tribulação produz experiência, perseverança e profundo relacionamento de intimidade com Deus? A Bíblia diz isso. Gloriamo-nos nas tribulações, sabendo que a tribulação produz perseverança; a perseverança, experiência; e a experiência, esperança; e a esperança não confunde. A Bíblia registra: *Meus irmãos, tende por motivo de toda alegria o passardes por várias provações; sabendo que a provação da vossa fé, uma vez confirmada, produz perseverança.* Então, amigo, à luz desse texto vamos aprender algumas coisas.

CAPÍTULO 4

O PROPÓSITO DO SOFRIMENTO

Primeiro, o propósito do sofrimento na vida do crente. Se você está sofrendo, por que está sofrendo? Qual a razão? Qual o motivo? Qual o propósito?

1. VENCER O PECADO

O sofrimento nos ajuda a vencer o pecado. *Ora, tendo Cristo sofrido na carne, armai-vos também vós do mesmo pensamento, pois aquele que sofreu na carne deixou o pecado.* Caro leitor, o sofrimento faz que o pecado perca o seu poder em nossa vida. Enquanto o sofrimento endurece o ímpio e o torna alguém insolente contra Deus, o sofrimento amolece o cristão diante de Deus, como barro pronto a ser moldado pelas mãos do Divino Oleiro. O que a Bíblia está dizendo é que o sofrimento de Cristo Jesus nos ajuda como crentes a enfrentar o sofrimento com a mesma disposição. Ele é o nosso exemplo no sofrimento, pois Ele aprendeu pelas coisas que sofreu. O sofrimento, quando chega à nossa vida, nos faz desmamar do mundo e nos mostra que os atrativos, os encantos, os prazeres, os deleites do mundo nada são. O sofrimento nos leva ao amadurecimento espiritual, a rompermos com o pecado, a nos voltarmos para Deus, a buscarmos refúgio em Deus, a depositarmos a nossa confiança em Deus. Quando você está passando por uma nuvem de sofrimento, por um vale de dor, todos os encantos do mundo perdem a atração para a sua alma. Nesse momento de dor, nesse momento de sofrimento, só Deus o consola, só Deus refrigera a sua alma, só Deus o satisfaz.

2. Testemunhar de Cristo

O sofrimento nos ajuda a testemunhar de Cristo Jesus. O versículo 4 diz: *Por isso, difamando-vos, estranham que não concorrais com eles ao mesmo excesso de devassidão.* Sabe o que está acontecendo aqui? A Bíblia está dizendo o seguinte: o mundo está olhando para você. Quando o mundo olha para você passando por um sofrimento, por uma angústia, por uma provação, por um vale de dor, ele não entende a sua atitude, a sua reação. Ele não pode compreender como você, na hora da dor, não blasfema. Como você não se insurge contra Deus. Como você não se revolta contra Deus. Como você não se decepciona com Deus. Como você continua sendo piedoso, buscando a Deus, andando com Deus. Então, essa atitude sua é um testemunho. A Bíblia diz que Jó, quando estava prostrado na cinza, depois de perder os seus bens e os seus dez filhos, adorou a Deus, dizendo: *O Senhor Deus o deu, o Senhor o tomou, bendito seja o nome do Senhor.* Não há testemunho mais eloquente do que uma pessoa glorificar a Deus no sofrimento. Fico imaginando o apóstolo Paulo açoitado, execrado, jogado no cárcere interior de uma prisão romana; em Filipos, a Bíblia diz que ele cantava à meia-noite. Isso certamente provocou uma profunda reação na vida daquelas pessoas. Fico imaginando a experiência de Estêvão, apedrejado, experimentando uma das mortes mais dolorosas e sofridas; e a Bíblia diz que os seus algozes olharam para ele, e o seu rosto brilhava e resplandecia como o de um anjo. Fico imaginando o Senhor Jesus Cristo em sangue na cruz, ainda destilando palavras de ternura e de compaixão aos seus exatores: *Pai, perdoa-lhes, porque não sabem o que fazem.* Amado leitor, na dor, Deus pode usar você para testemunhar com mais poder e com mais eloquência.

3. Manifestar amor

O sofrimento nos ajuda a manifestar um terno amor pelos irmãos. Nos versículos 8 e 9, o texto diz: *Acima de tudo, porém, tende amor intenso uns para com os outros, porque o amor cobre multidão de pecados. Sede, mutuamente, hospitaleiros, sem murmuração. E o* apóstolo segue dizendo até o versículo 10 que ainda devemos servir uns aos outros com o dom que recebemos. O sofrimento nos torna sensíveis. Eu tenho visto isso. Conheci tanta gente dura, de coração muitas vezes fechado, insensível à necessidade do próximo, incapaz de chorar com aqueles que estão agonizando na dor. De repente, essas pessoas endurecidas foram provadas também; o sofrimento chegou também para elas. E elas mudaram a concepção da vida, mudaram a maneira de olhar para os outros, mudaram a concepção de olhar a vida e o próximo. Sabe por quê? Porque o sofrimento nos torna sensíveis, tolerantes, amáveis, generosos com os outros. O sofrimento nos faz abrir o coração, a nossa casa, o nosso bolso, para o próximo que está sofrendo. Na verdade, o sofrimento nos torna mais solidários. Estude a história, e você notará que as maiores causas sociais e humanitárias surgiram de pessoas que passaram por momentos amargos na vida, por feridas na alma, pessoas que, depois de enfrentarem um sofrimento atroz, disseram: "Quero fazer da minha vida daqui por diante uma bandeira de luta por essa causa pela qual sofri".

Mas vamos ver o segundo ponto da nossa meditação. Quais são as atitudes do crente em relação ao sofrimento? Talvez você esteja com o coração abatido. Como você reagirá diante dessa situação?

Em primeiro lugar, o crente precisa entender que o sofrimento não é incompatível com a vida cristã. O versículo 12 diz: *Amados, não estranheis o fogo ardente que surge no meio de vós, destinado a provar-vos, como se alguma coisa extraordinária vos estivesse acontecendo.* Querido leitor, se você está passando por um sofrimento, está no caminho. A Bíblia diz que todo aquele que quiser viver piedosamente em Cristo vai ser perseguido. Por isso a Palavra também registra: *Irmãos, não vos maravilheis se o mundo vos odeia.* E o apóstolo Paulo exorta: *Importa-vos entrar no reino de Deus por meio de muitas tribulações.* Então, se você está sofrendo, não estranhe isso, não pense que você é uma exceção, não pense que isso é algo extraordinário, não pense que você é uma ilha, que está sofrendo sozinho. Não. Essa é a história do povo de Deus. O sofrimento é um legado, uma herança do povo de Deus. O apóstolo Paulo chegou a dizer aos filipenses que Deus nos deu a graça não apenas de crer em Cristo, mas também de sofrer por Cristo. É uma graça, um privilégio.

Em segundo lugar, o crente precisa entender que o sofrimento é para nos provar, e não para nos destruir. Você nota isso no próprio versículo 12: *destinado a provar-vos.* É muito importante entender isso, querido leitor, porque, às vezes, chegamos a pensar que Deus perdeu o controle e não sabe o que está fazendo conosco, ou que Deus está longe ou indiferente à nossa dor, e nós estamos abandonados ao relento, ao léu, à nossa sorte e infortúnio. Não, absolutamente não. Quando Deus joga você na fornalha, Ele desce com você à fornalha. Ele é o quarto homem da fornalha. E esse texto ressalta que o fogo ardente da fornalha não é para destruir você, mas para queimar a escória, tirar o que não presta, tornar você mais limpo, mais puro, mais digno, mais valoroso para Deus.

No passado, o ourives, quando colocava o metal, o ouro, no cadinho, tinha como objetivo maior tornar o metal tão puro a ponto de sua própria face resplandecer no metal. Então esse metal estava puro. Sabe o que Deus faz conosco? Ele nos permite passar pelo sofrimento para que possamos resplandecer a imagem de Jesus na nossa vida. É bem verdade que Satanás, nosso arqui-inimigo, tenta explorar o sofrimento na nossa vida. E a Bíblia diz que Satanás queria destruir Jó. Mas Deus queria aperfeiçoar Jó. A Bíblia diz que Satanás colocou um espinho na carne do apóstolo Paulo para esbofeteá-lo. Mas Deus permitiu o espinho na carne de Paulo para tirar dele qualquer vaidade, para torná-lo um homem humilde, pronto a ser um vaso de honra para toda boa obra. O diabo tenta para nos destruir e derrubar; Deus nos prova para nos fortalecer e purificar.

Em terceiro lugar, o crente precisa entender que é possível enfrentar o sofrimento com exultante alegria. Preste atenção no versículo 13: *Pelo contrário,* diz Pedro, *alegrai-vos na medida em que sois coparticipantes do sofrimento de Cristo.* Só um cristão pode crer nisso e experimentá-lo. Porque pela mente finita do homem é impossível associar sofrimento com grande alegria. Mas a Palavra diz que nos alegramos não pelo sofrimento. Não é porque gostemos de sofrer; ninguém gosta. Todos lutamos bravamente contra a dor. Todos nos esforçamos para nos livrar da dor. Todos nos esforçamos para contornar a estrada do sofrimento e, se nós a cruzarmos, queremos logo sair dela. E isso não é errado. Por que então nos alegramos no sofrimento? É porque Deus está trabalhando no sofrimento para produzir algo extraordinário na nossa vida. Jesus Cristo disse: *Bem-aventurados sois quando vos injuriarem e vos perseguirem e, mentindo, disserem todo mal contra vós. Alegrai-vos e exultai porque grande é o vosso galardão no céu.*

Imagine o apóstolo Paulo na antessala do seu martírio: esse homem talvez seja o mais extraordinário na história da igreja; talvez ninguém tenha feito pelo reino de Deus na terra o que ele fez, talvez ninguém tenha tido a ousadia que ele teve, talvez ninguém tenha ouvido coisas tão profundas da parte da inspiração do Espírito Santo como ele ouviu, e escreveu, e pregou, e ensinou. Esse homem percorreu o mundo, plantou igrejas, levou milhares a Cristo e carregou no corpo as marcas do Senhor Jesus. E esse homem está acabando seus dias numa masmorra romana, insalubre, escura, acorrentado; está sentindo frio e não tem um amigo por perto. Esse homem poderia estar mofando naquela cela escura e fria, encharcando o peito de revolta, de tristeza, de decepção; ele poderia estar completamente revoltado com as circunstâncias e com a situação. Quem sabe, talvez, estivesse até contra Deus. Mas esse homem escreve a sua última carta, quem sabe já na hora de ir para o patíbulo, para a guilhotina, dizendo: *O tempo da minha partida é chegado. Eu combati o bom combate, eu completei a carreira, eu guardei a fé. Já agora a coroa da justiça me está guardada. E não apenas para mim, mas para todos quantos amam a vinda do Senhor Jesus.* E ele conclui a carta, dizendo: *A ele, ao Senhor, seja a glória pelos séculos dos séculos.*

Por que Paulo fez isso? Porque entendeu que todas as coisas cooperam para o bem daqueles que amam a Deus. Às vezes, no momento, você não está discernindo; às vezes, no momento, eu mesmo não consigo discernir. Às vezes, no momento, estamos completamente envoltos no manto escuro, no manto pesado, denso, de dor, de sofrimento, e parece que a noite é interminável, parece que as lágrimas se recusam a secar, parece que a dor se recusa a ceder. Mas Deus continua no controle e vai conduzir isso para o seu bem maior e para a glória do Seu próprio nome. Pedro diz que, quando Cristo chegar, você poderá experimentar uma alegria indizível e cheia de glória.

Em quarto lugar, como o crente enfrenta o sofrimento? O crente precisa entender que o sofrimento nos une profundamente ao Senhor Jesus. No versículo 13, Pedro ainda diz: *Pelo contrário, alegraivos na medida em que sois coparticipantes dos sofrimentos de Cristo, para que também, na revelação da sua glória, vos alegreis exultando.*

Preste atenção aqui em três coisas. O sofrimento para o crente significa partilhar dos sofrimentos passados de Cristo. E precisa estar absolutamente claro que não participamos do sofrimento vicário de Cristo. Não, esse sofrimento foi só dEle; esse sofrimento foi único, não foi compartilhado com ninguém. Só Jesus pôde morrer na cruz, só Jesus pôde suportar o peso da iniquidade do nosso pecado. Ele morreu sozinho como Cordeiro de Deus, levando sobre Si o nosso pecado, a nossa enfermidade, a nossa dor. Mas, quando você hoje sofre, você se identifica com o sofrimento de Cristo; alegra-se por ter sido considerado digno de sofrer pelo nome de Cristo. E você então tem a graça de crer em Cristo, mas também de padecer por Ele. O sofrimento do crente, também, significa comunhão com o Cristo que está presente conosco. Jesus nunca mandará você para a fornalha sem ir junto com você. Ele nunca mandará você para o rio caudaloso, sem atravessar esse rio com você. Ele nunca permitirá que você desça a um poço tão profundo que a graça e a misericórdia dEle não sejam mais profundas. Ele está com você, como afirmou: *Eu estarei convosco todos os dias. Eu estou convosco todos os dias, até a consumação dos séculos.* Mas, ainda, o sofrimento do crente significa partilhar da glória futura de Cristo. Que coisa sublime: agora há mesmo dor; agora a gente se reúne, com lágrimas nos olhos, para um culto fúnebre; agora a gente vê uma criança nascer doente e aleijada; agora a gente vê uma criança nascendo cega; agora a gente vê uma criança sendo ceifada por uma bala perdida; agora você vê um *tsunami* matando milhares e milhares de pessoas; agora você vê uma onda do mar engolindo uma cidade, ceifando milhares de pessoas; agora você vê sofrimento e dor, mas a Bíblia diz que o sofrimento do tempo presente não pode ser comparado com a glória por vir a ser revelada em nós! A nossa leve e momentânea tribulação produzirá para nós eterno peso de glória, acima de toda comparação. A Bíblia diz que chegará o dia em que Deus vai enxugar dos nossos olhos toda lágrima e a morte não existirá. Não haverá nem luto, nem pranto, nem dor, porque as primeiras coisas terão passado. Como você vai enfrentar o sofrimento?

Em quinto lugar, Pedro diz que o crente precisa entender que o sofrimento nos leva a glorificar a Deus. Observe o versículo 14: *Se, pelo nome de Cristo, sois injuriados, bem-aventurados sois, porque sobre vós repousa o Espírito da glória e de Deus.* E o versículo 16 continua: *Mas, se sofrer como cristão, não se envergonhe disso; antes, glorifique a Deus com esse nome.* O que Pedro está dizendo? Quando você está passando por um sofrimento, em vez de murmurar e reclamar, e de se tornar amargo e azedo; em vez de se encolher picado pelo veneno da autopiedade, você diz: "Deus, bendito seja o Teu nome; eu não estou entendendo, Senhor. Está doendo, Deus; Tu bem sabes que está doendo. Mas glória ao Teu nome". A Bíblia diz que o espírito da glória repousa sobre você. A Bíblia diz que vem um poder especial da graça de Deus sobre a sua vida. A Bíblia diz que Deus renova as suas forças. E é por isso que os cristãos primitivos cantavam, saíam das prisões, dos açoitamentos, sorrindo e entoando cânticos. É por isso que o poeta inglês afirmou que por trás de toda providência carrancuda se esconde uma face sorridente. Os cisnes cantam mais docemente quando estão sofrendo. Às vezes, as canções mais lindas, mais profundas, mais doces aos ouvidos de Deus são aquelas que brotam como sacrifício de louvor.

O sofrimento não é sem motivo e sem causa na nossa vida. Vamos pensar na experiência do puritano inglês John Bunyan. Esse homem muito cedo perdeu a mãe e depois perdeu a esposa. Sua filhinha mais velha, primogênita, nasceu cega. Por pregar o evangelho, ele foi preso em Bredford e ficou atrás das grades por catorze anos. Num tempo de muita pobreza, o que mais lhe cortava o coração era ver a sua filhinha mais velha cega, em penúria. Alguém podia olhar para aquele homem e dizer que ele era uma escória humana, fadado ao fracasso, à miséria, à derrota. Mas Deus permitiu um sofrimento tão agônico na vida de John Bunyan para que, na experiência da dor, brotasse do ventre da crise uma das mais ricas mensagens que o mundo já recebeu, o livro *O peregrino*. Às vezes, você escuta um testemunho como escutei do jovem missionário Ronaldo Lidório e questiona: "Deus, por que um moço tão consagrado como esse tem de sofrer 28 malárias? Por que um jovem tão crente e piedoso precisa enfrentar uma tuberculose óssea? Por que o Senhor permite que um rapaz desse seja envenenado? Por que o Senhor permite que um moço desse, que passou anos traduzindo a Bíblia e, com toda a alegria levando essa Bíblia para um povo, ser atacado por abelhas, a ponto de quase chegar ao coma?"

Por que Deus permite que você sofra? É para que esse sofrimento seja instrumento de bênção na vida de milhares de pessoas. Isso é bagagem espiritual, é acervo espiritual. E você pode dizer depois do sofrimento: "Eu sei que o meu Deus vive, eu sei que Ele vive, eu sei que Ele é verdadeiro. Eu sei que o Senhor salva não com espada, não com cavalos, não com carros, mas o Senhor salva pela Sua mão forte e poderosa". Deus permite que você passe pelo sofrimento para que esse sofrimento seja um bálsamo na vida de tantos outros. A Bíblia diz: *Bendito o Deus e Pai de nosso Senhor Jesus Cristo, Pai de misericórdias, aquele que nos consola em toda nossa tribulação para que nós possamos consolar outros que estiverem passando pelas mesmas angústias.* Deus não quer que você seja apenas um receptáculo da consolação; Deus quer que você seja um canal da consolação. E não há possibilidade de ser um consolador, a menos que você tenha sido consolado. E é impossível que você tenha sido consolado, a menos que tenha passado pelo sofrimento.

Em sexto lugar, o crente precisa aprender a avaliar o sofrimento. Preste atenção no que diz o versículo 15, onde Pedro diz: *Não sofra, porém, nenhum de vós como assassino, ou ladrão, ou malfeitor, ou como quem se intromete em negócios de outrem.* E veja que nem todo sofrimento é da vontade de Deus, como afirma o versículo 19: *Por isso, também os que sofrem segundo a vontade de Deus....* Nem todo mundo que sofre, sofre segundo a vontade de Deus. E nem todo sofrimento glorifica a Deus. Observe o versículo 16: *Mas, se sofrer como cristão, não se envergonhe disso; antes, glorifique a Deus.* Há sofrimento provocado pelo próprio homem. Às vezes, a nossa vida é que atrai algum tipo de sofrimento pelo qual não precisaríamos passar. A desobediência produz sofrimento; o pecado produz sofrimento. Pedro diz: *Não sofra nenhum de vós como assassino.* Respeite a vida dos outros. Não sofra como ladrão. Respeite os bens dos outros. Não sofra como malfeitor. Respeite a honra dos outros. Não se intrometa em negócios alheios. Não interfira na vida de outrem. Porque, se fizer isso, você vai sofrer e sofrer por consequência dos próprios atos.

E o terceiro ponto deste livro remete à paciência do crente em relação ao sofrimento. Como vamos agora lidar com isso? Como vamos ter paciência para enfrentar isso?

Primeiro, devemos nos entregar a Deus. Como diz o versículo 19: *Por isso, também os que sofrem segundo a vontade de Deus encomendem a sua alma ao fiel Criador.* A palavra "encomendar" significa "depositar em confiança". Pedro está dizendo o seguinte: "Você está sofrendo? Entregue a sua vida a

Deus. Descanse nEle, sabendo que Ele está no controle e sabe o que está fazendo". Seu sofrimento não é desconhecido por Deus, não está fora do controle de Deus. O que Pedro está dizendo é: "Descanse em Deus, coloque a sua vida em Deus, sabendo que Ele é fiel e soberano. Descanse nEle. Confie nEle". Faça o que Habacuque fez, ao dizer: "Eu não vou olhar para a situação. Se a situação não mudar, vou me alegrar em Deus. Eu vou me alegrar em Deus. Ele é o meu refúgio, Ele é a minha fortaleza, é nEle que eu confio. A minha vida está posta nas mãos dEle".

Para terminar, continue praticando o bem. Às vezes, quando estamos passando por um sofrimento, corremos um grande risco de encolher as mãos, de pensar só em nós mesmos, de ser tomados pelo sentimento da autocompaixão. Caríssimo leitor, se você está sofrendo, continue fazendo o bem. Continue semeando, ainda que com lágrimas. Continue amando, ainda que você seja rejeitado. Continue abençoando, ainda que você seja amaldiçoado. Continue orando, ainda que você seja perseguido. Continue fazendo o bem. Continue com as mãos estendidas.

John Blanchard disse que muitas vezes vemos mais através de uma lágrima do que através de um telescópio. Às vezes, quando você chora, consegue enxergar mais longe. A lágrima limpa os olhos da alma.

E você passa a ter uma visão mais profunda de Deus e da vida. A alma não teria arco-íris se os olhos não tivessem lágrimas.

C. S. Lewis dizia que Deus sussurra no prazer, mas Deus grita conosco na dor. E quero lhe dizer que o Calvário é a grande prova de que Deus é poderoso para transformar o sofrimento em triunfo. Deus é poderoso para transformar o seu sofrimento em triunfo. Encomende a sua alma a Deus, encomende a sua vida a Deus. E descanse na fidelidade de Deus.

Deus conhece a dor que está pulsando no seu coração. Quem sabe você esteja com uma dor profunda em relação aos seus filhos: Onde eles estão? Como eles estão? Você não consegue mais administrar isso, não tem o controle dessas coisas. Isso aflige o seu peito. Quem sabe você esteja com a alma ferida, não venha dormindo bem, o seu coração está cheio de ansiedade porque parece que a situação se torna mais grave à medida que o tempo passa. Mas, em nome de Jesus, se você não pode administrar a situação, encomende a sua alma ao Senhor. Ponha a sua vida nas mãos de Deus. Ele sabe o que você está sofrendo, Ele sabe onde você está, Ele sabe como você está. Ele sabe quanto está doendo na sua alma. E esse Deus quer que você O glorifique no sofrimento, que você O conheça profundamente no sofrimento, que você seja instrumento de bênção na vida de outras pessoas pelo sofrimento. Glorifique a Jesus pelo seu sofrimento. O que Deus quer é que o seu coração se derrame, e não endureça. Ouça Deus falando com você. Às vezes, Deus está gritando com você. Ouça a voz de Deus. Às vezes, você está sofrendo por um erro seu, por um pecado seu, por uma rebeldia do seu próprio coração. Em nome de Jesus, volte-se para o Senhor para que esse sofrimento seja removido da sua vida.

Oração

Ó Deus bendito, Deus de toda a graça, vem sobre nós com doces consolações do Teu Espírito, Senhor. Tira de sobre nós todo espírito angustiado, meu Deus. Tu sabes que há pessoas angustiadas, aflitas. Consola esses corações, refrigera essas almas, ó Deus. Traze sobre nós o alento do Espírito, traze sobre nós a cura celestial. Toca-nos com a Tua mão de poder e dá-nos discernimento e entendimento no sofrimento da Tua presença conosco, do Teu propósito glorioso em nossa vida. Levanta os nossos olhos para aquela consolação eterna que receberemos na glória. Edifica a Tua igreja, Senhor. Manifesta-Te a nós com poder, bondade e benignidade. Em nome de Jesus. Amém.

PARTE 3

DEUS NÃO DESISTE DE VOCÊ

DEUS NÃO DESISTE DE VOCÊ ❏

Mas ide, dizei a seus discípulos e a Pedro que ele vai adiante de vós para a Galileia; lá o vereis, como ele vos disse.

MARCOS 16.7

CAPÍTULO 5

A QUEDA DE PEDRO

A QUEDA DE PEDRO ❏

Deus não abre mão da sua vida. Deus não abdica do direito de amar você, de ter você para Ele. Deus sempre vai ao seu encontro, ao seu encalço, para procurar você. E não há outra personagem na Bíblia que nos retrate essa verdade de forma tão eloquente e viva quanto o apóstolo Pedro.

Quem era esse homem? A Bíblia diz que ele era filho de Jonas, casado, natural de Betsaida e habitante de Cafarnaum, à beira do mar da Galileia. Além disso, indica que ele era um pescador, irmão de André, que o levara ao próprio Senhor Jesus Cristo. A Bíblia informa que Pedro era um dos principais discípulos a quem Jesus privilegiava com a Sua intimidade em muitas circunstâncias, juntamente com João e Tiago. Por meio das Escrituras, ficamos sabendo também que Pedro assumiu naturalmente a liderança do grupo apostólico, tanto antes quanto depois do Pentecostes. Ele se tornou, na verdade, o maior expoente da pregação da Palavra em Jerusalém. Foi um homem que exibia poderes miraculosos em sua vida. E, de fato, foi o primeiro apóstolo a pregar aos gentios.

Mas quem era esse homem? Na verdade, Pedro era um homem de profundas contradições em sua vida. No primeiro contato mais especial que Jesus teve com ele, Pedro estava chegando de uma pescaria. E Jesus Cristo ordenou-lhe que lançasse as redes para pescar. Ele disse: "Não, Senhor, trabalhamos a noite inteira". Porém, ao mesmo tempo que salta do seu coração a incredulidade, brota um rasgo de fé. Porque ele acrescentou: "Senhor, sob a tua palavra eu lançarei as redes". Pedro oscila entre a incredulidade e a fé.

De outra feita, Jesus caminhava pelas bandas de Cesareia quando perguntou aos discípulos: "Quem dizeis que eu sou?" Então, Pedro prontamente respondeu, antes dos outros: "Tu és o Cristo, o Filho do Deus vivo". Porém, logo depois, o discípulo chamou Jesus à parte e começou a repreendê-Lo, contrapondo-se a que o Mestre fosse para a cruz do Calvário. Jesus teve de olhar para Pedro e dizer: "Arreda, Satanás, por que não cogitas das coisas de Deus, e sim das dos homens". Pedro, um homem que ora e é usado por Deus, logo a seguir se deixa usar por Satanás.

A Bíblia menciona que Jesus subiu com três discípulos ao cume de um monte e foi transfigurado. E Pedro viu o Rei da glória, viu a glória do Senhor. Ali apareceram Moisés e Elias. As Escrituras afirmam que Pedro, sem saber o que falava, disse: *Senhor, é muito bom estarmos aqui. Deixe que eu faça três tendas: uma será do Senhor, outra de Moisés e outra de Elias.* Pedro não sabia o que dizia, porque aquela grande revelação serviria para mostrar a supremacia singular de Jesus Cristo. Ele estava equiparando Jesus a Elias e Moisés, mas Deus se encarrega de colocar Seu Filho em lugar singular, quando a Bíblia afirma que uma nuvem os envolve e dentro da nuvem surge a voz de Deus: *Este é o meu Filho amado, em quem me comprazo.* E a Bíblia diz ainda que, quando aquela nuvem luminosa desapareceu, só se viu Jesus. Pedro era esse homem capaz de ver a glória do Senhor, ao mesmo tempo que era incapaz de distinguir a singularidade do Senhor da glória.

A Bíblia relata que, certa feita, Pedro disse: *Senhor, eu estou pronto a ir contigo para a prisão ou para a morte.* Só que, logo depois, esse mesmo Pedro se acovarda. Ele oscila entre a ousadia e a covardia.

A Palavra de Deus ainda diz que Pedro nega Jesus. Porém, logo em seguida, chora amargamente. Ele oscila entre a negação e o arrependimento. A Bíblia registra que ele voltou para a Galileia e disse a seus amigos: "Vou pescar, vou voltar à velha vida". Logo depois, no entanto, Jesus apareceu e Pedro correu para encontrar-se com Ele, prostrando-se e dizendo: "Senhor, eu Te amo, eu Te amo, eu Te amo, Senhor". Pedro é o homem que pensa na fuga e, em seguida, prontamente declara amor ao Senhor.

Esse é o Pedro ambíguo, contraditório, humano, semelhante a mim e a você. Vamos examinar juntos a vida desse homem para entendermos por que Pedro caiu, por que Pedro fracassou, por que ele naufragou, porque ele chegou a ponto de negar o seu Senhor, o seu verdadeiro Deus, a quem devotava tanto amor. O que levou Pedro a negar Jesus? Quais foram os degraus dessa queda?

O primeiro degrau dessa queda foi a autoconfiança. Confira em Mateus 26.35: *Disse-lhe Pedro: Ainda que me seja necessário morrer contigo, de nenhum modo te negarei.* Veja o que ele está dizendo: *Ainda que me seja necessário morrer contigo, de nenhum modo te negarei.* Esse homem confia plenamente em si mesmo.

Paralelamente, Marcos 14.31 traz: *Mas ele insistia com mais veemência: Ainda que me seja necessário morrer contigo, de nenhum modo te negarei.* Finalmente, o texto paralelo de Lucas 22.33 diz: *Senhor, estou pronto a ir contigo, tanto para a prisão como para a morte.*

Pedro se considerava forte, invulnerável. Achava que estava acima de toda possibilidade de fracassar. Pedro confiava em si mesmo. Ele se considerava uma rocha inabalável, alguém extremamente forte, que jamais poderia negar o seu nome, o seu apostolado, as suas convicções. Ele confiava em si mesmo, no seu potencial, na sua força. E não há nada mais perigoso, não há nada mais perto do precipício do que a autoconfiança. Paulo dizia: "Quando eu sou forte, então sou fraco; mas, quando eu sou fraco, então sou forte, porque o meu poder vem do Senhor, e o poder se aperfeiçoa na fraqueza". Porque, ao considerar-se fraco, você depende de Deus, você confia em Deus. Você descansa tão somente na misericórdia e na graça de Deus.

O segundo degrau da queda de Pedro foi considerar-se melhor do que os outros. Confira isso em Marcos 14.29: *Disse-lhe Pedro: Ainda que todos se escandalizem, eu, jamais!* Lá em Mateus 26.33, Pedro declara: *Ainda que venhas a ser um tropeço para todos, nunca o serás para mim.*

O que Pedro está dizendo com isso? Ele está dizendo: "Jesus, os Teus discípulos não são tão confiáveis, os Teus discípulos não são tão fortes. Eu creio que, quando chegar a hora da pressão, de tomar posição diante da crise, da situação sem saída, da perseguição, do perigo, da ameaça, do açoite, da prisão e da morte, todos vão desistir. Os outros vão debandar, os outros não vão permanecer. Porém, Jesus, esteja certo de uma coisa: o Senhor tem em mim um braço forte, o Senhor tem em mim alguém que jamais vai desertar da luta, alguém que jamais vai correr do perigo. O Senhor tem em mim alguém digno de confiança. Nos outros eu não posso apostar. Os outros podem até fracassar, mas eu jamais, Senhor. Eu jamais".

Pedro se considerava melhor do que os outros. E a Bíblia diz que a soberba precede a ruína. Quando você olha para dentro de si mesmo e se acha melhor do que os outros, mais santo do que os outros, mais piedoso do que os outros, mais correto do que os outros, quando você começa a olhar para os outros de salto alto, de cima para baixo, do topo de um pedestal, você está em grande perigo. A Bíblia diz que Deus resiste aos soberbos, mas dá graça aos humildes.

Vejamos agora o terceiro degrau dessa queda de Pedro. Por que ele caiu e negou ao Senhor? A terceira razão é que ele foi incapaz de vigiar e de orar persistentemente. Vejamos Mateus 26.40,41: *E, voltando [Jesus] para os discípulos, achou-os dormindo; e disse a Pedro: Então, nem uma hora pudestes vós vigiar comigo? Vigiai e orai, para que não entreis em tentação; o espírito, na verdade, está pronto, mas a carne é fraca.*

A QUEDA DE PEDRO ❏

Pedro caiu porque não teve a capacidade, a condição, de perseverar, vigiando. Ele estava no Getsêmani, e havia uma batalha. Na verdade, essa foi a maior batalha já travada debaixo do céu, pois estava em jogo o destino da humanidade. Esse foi o único momento em que Jesus pediu solidariedade aos Seus discípulos: *Ficai comigo, vigiai comigo, porque a minha alma está profundamente triste até a morte.* Mas a Bíblia diz que Pedro e seus companheiros não conseguiram vigiar, não conseguiram orar. E Jesus os repreendeu: "Nem ao menos uma hora pudestes vigiar comigo?"

Quando você não consegue orar, quando sua vida devocional entra em falência, quando a sua vida de comunhão com Deus está acabando, quando, no meio da luta, você não consegue ter o seu tempo de intimidade com Deus, você está em grande perigo, está correndo um grande risco. Porque, se você não estiver na presença de Deus, vigiando e orando, dependendo de Deus, buscando a face dEle, pode ser tragado por essas circunstâncias adversas, pode ser engolido e destruído pelas circunstâncias que conspiram contra você. E Pedro caiu porque não orou.

Quantas tentações apanham os filhos de Deus hoje porque eles não vigiam! Quantos perigos jazem à porta porque não há vigilância! Quantas quedas, quantos fracassos, quanta vergonha, quanto opróbrio,

PROVAS & CRISES

quantas lágrimas, quanto sofrimento, quanta dor na família, quantos casamentos destroçados, quantos jovens com a reputação maculada, porque não vigiaram, porque não oraram. Porque, na hora renhida da luta, eles não discerniram a natureza da hora, a natureza da batalha; antes, dormiram e não vigiaram nem oraram.

O quarto motivo, o quarto degrau da queda de Pedro, foi a sonolência no campo de guerra. Em Mateus 26.43-45, observamos o fato de que, nas três ocasiões em que Jesus Cristo foi orar sozinho no Getsêmani, Ele retornou aos discípulos e os encontrou dormindo. E os exortou por isso: *E, voltando, achou-os outra vez dormindo [...]. Então, voltou para os discípulos e lhes disse: Ainda dormis e repousais!* Nós precisamos entender que muitas vezes estamos num campo de guerra, num campo de batalha. E é um grande perigo quando você está num campo de batalha e dorme. Pedro não entendeu aquele momento no Getsêmani, não compreendeu a importância daquela hora. Ele não percebeu o que estava acontecendo, não entendeu que o destino da humanidade estava em jogo naquele momento. E ele dorme, dorme e não discerne.

O quinto degrau da queda de Pedro foi o descontrole emocional. Quando a pessoa deixa de orar, quando dorme no meio da guerra, ela pode tentar agir, mas começa a agir na carne, porque não está discernindo o momento, não está tendo percepção espiritual das coisas. Aí ocorre o que lemos em João 18.10: *Então, Simão Pedro puxou da espada que trazia e feriu o servo do sumo sacerdote, cortando-lhe a orelha direita; e o nome do servo era Malco.* Uma vez que Pedro não vigiou, não orou e dormiu, ele reagiu, mas reagiu na força da carne. Ele perdeu o controle emocional, perdeu o equilíbrio, porque não discerniu a natureza da batalha, não teve domínio próprio.

Temos de atentar para algo importante aqui. O texto não diz que agora Jesus repreende Pedro dizendo: *Arreda, Satanás!* Observe um detalhe: a natureza desse fato é a mesma lá de Cesareia de Filipe, porque, na verdade, Pedro está querendo nesse momento a implantação do reino pelo poder da espada. Antes, já havia desejado que Jesus fugisse da cruz. Agora, ele quer a implantação de um reino por uma metodologia errada, a metodologia da força, das armas. E o reino de Deus não é implantado à força, não é implantado pelo poder das armas. O reino de Deus é um reino de amor, de justiça, de alegria, é um reino da ação livre e soberana do Espírito Santo de Deus.

Todas as vezes que perdemos o controle emocional, que partimos para a briga, que usamos o ponto de vista humano, carnal, temperamental, e agimos com violência, falta-nos discernimento da natureza da guerra em que estamos envolvidos. Então, tendemos a fracassar e a cair.

O sexto degrau da queda de Pedro pode ser verificado em Mateus 26.58, quando prenderam e levaram Jesus. A Bíblia diz que Pedro começou a seguir Jesus de longe. Uma consequência natural. A pessoa começa a fugir daquele compromisso, a se esconder, a se esgueirar nas sombras, a ser um discípulo anônimo, a não ter coragem de se revelar na sala de aula, a não ter coragem de se levantar e dizer: "Eu sou de Jesus".

A pessoa já não tem aquela postura definida, sólida, coerente dentro da empresa. Começa a seguir Jesus de longe, a transigir, a negociar os seus absolutos, a negociar a própria consciência. E já não assume prontamente seu apostolado, seu discipulado, seu compromisso com Jesus. Não tem coragem de desistir de Jesus, é bem verdade, não tem coragem de abandonar Jesus. Ela quer continuar seguindo-o, mas de longe. O amor vai esfriando, o amor à Palavra vai acabando, a vida de oração vai desaparecendo. O ardor para estar na presença de Deus, nos altares de Deus, na assembleia dos santos, vai também envelhecendo. E a pessoa entra num processo de queda, de fracasso na vida espiritual.

Veja agora que o sétimo degrau na queda de Pedro está em Lucas 22.54,55, quando Pedro se assenta na roda dos escarnecedores: *Então, prendendo-o* [Jesus], *o levaram e o introduziram na casa do sumo sacerdote. Pedro seguia de longe. E, quando acenderam fogo no meio do pátio e juntos se assentaram, Pedro tomou lugar entre eles.* Observe que Pedro dá mais um passo em direção à queda. Começa a seguir Jesus de longe e agora passa a se envolver com gente que blasfema de Jesus, que zomba dEle. Esse é o degrau, esse é o caminho. A pessoa começa a se associar com gente nociva, perigosa. Quantas pessoas que já estiveram cantando os louvores de Sião e hoje estão distantes de Deus, desviadas, perdidas, afastadas do rebanho, porque entraram nesse processo de afastamento de Deus! E, de repente, juntaram-se a um colega, um amigo de final de semana, um programa aqui, uma aventura ali, mais uma programação acolá. E as pessoas vão se envolvendo, vão mergulhando nesse ritual de paixões e mundanismo que vai levá-las para o abismo, para a perdição.

O último degrau da queda de Pedro é a sua incapacidade de dar testemunho positivo de Cristo na hora da pressão. Veja o que registra Mateus 26.70,72,74. Quando Pedro estava ali, na casa do sumo sacerdote, veio uma criada e disse: *Você é um dos dele.* Ele respondeu: *Eu não conheço esse homem.*

Outra pessoa disse: *Sim, você é um dos dele.* A Bíblia afirma que Pedro nega outra vez, agora com juramento. Mais tarde, outros o abordaram: *Você é mesmo um dos dele, porque o seu modo de falar o denuncia; você tem sotaque galileu.* E dizem as Escrituras que Pedro começou a praguejar e a jurar: *Não conheço esse homem!*

Veja que Pedro nega, que Pedro jura, pragueja, fala blasfêmia e impropérios, dizendo: *Não, eu não conheço esse Jesus, esse Jesus; não tem nada a ver comigo.* Ninguém nega Jesus assim de uma hora para outra; há um processo. A Bíblia diz que um abismo leva a outro abismo. O afastamento muitas vezes é imperceptível.

CAPÍTULO 6

NÃO CORRA
O RISCO DE CAIR

Quando alguém bate no peito e diz: "Eu sou crente, eu sou melhor do que os outros"; quando alguém deixa de confiar em Deus, deixa de vigiar, deixa de orar e dorme no meio da batalha; quando alguém age, mas age na força da carne; quando alguém começa a seguir Jesus de longe, a se entrosar e a se relacionar com pessoas que zombam de Deus, sendo incapaz de dar um testemunho efetivo de Jesus nesse ambiente, qual é o resultado? O que diz a Bíblia? Que Pedro nega a Jesus. E ele nega o seu nome Pedro, *petros*, "pedra". Ele não é pedra coisa nenhuma; é pó. Esse homem nega suas convicções, seu apostolado, sua fé; esse homem nega tudo, está fracassado, quebrado e arruinado.

No entanto, em nome de Jesus, olhe o outro lado dessa história. São as causas da restauração desse homem. Porque, a despeito do fracasso de Pedro, Jesus não desistiu dele. E, a despeito de suas quedas, Jesus não desiste de você. A despeito dos seus deslizes, dos seus desvios, das suas apostasias, da sua dureza de coração, Jesus não abre mão de sua vida.

Pedro, mais uma vez, nos prova essa verdade gloriosa. E quero que você examine, em primeiro lugar, que a restauração de Pedro passa pela iniciativa de Jesus. Porque a Bíblia diz que, quando ele estava na casa do sumo sacerdote e acabara de negar o Mestre pela terceira vez, o galo cantou, como Jesus alertara. Naquele momento, Jesus está passando pelo meio do pátio e Seu olhar cruza com o de Pedro. Jesus crava o olhar em Pedro. A Bíblia diz que esse olhar de Jesus mexeu com Pedro, tocou seu coração.

Jesus também está olhando para você. Não importa sua situação, onde você está, quais são seus fracassos, suas quedas, suas crises, o Filho de Deus está olhando para você. O olhar de Jesus é um olhar de ternura, de bondade, de restauração, de graça, de perdão.

Ouvi uma música há algum tempo que marcou muito a minha vida. E essa música dizia mais ou menos assim: "Uma luz brilhou em meu caminho, quando vinha triste e sozinho, foi o Teu divino olhar, que me ensinou a amar, o Teu divino olhar, o Teu divino olhar. Um minuto só, foi um minuto só, um minuto só do Teu olhar, tudo em mim mudou, tudo em mim cantou, foi um minuto só do Teu olhar. Jesus marcou a minha vida, nunca mais eu serei o mesmo, quando eu olhei para a cruz, nela eu vi Jesus, foi um minuto só do Teu olhar. Um minuto só, foi um minuto só, um minuto só do Teu olhar, tudo em mim mudou, tudo em mim cantou, foi um minuto só do Teu olhar". Basta um minuto só do olhar de Jesus e a sua alma pode ser restaurada.

Se Jesus está olhando para você, Ele está vendo você em seus caminhos de fuga, muitas vezes em lugares e em situações em que você está negando o Seu nome. Mas o olhar de Jesus é um olhar de graça, um olhar de misericórdia, um olhar de perdão.

Você pode estar vivendo longe de Deus, mas Deus pode hoje fazer uma obra na sua vida. Madrugadas insones, noites sem dormir, revolvendo-se em seu leito alagado pelas lágrimas, quando de repente Jesus ressurge dentre os mortos e manda um recado para Pedro: "Ide e dizei aos discípulos e a Pedro que subo para a Galileia". Lá na Galileia Jesus quer encontrar Pedro, porque Ele não abriu mão de Seu discípulo. Pedro desistiu de tudo, desistiu de seu discipulado, desistiu de sua fé, desistiu de suas convicções, desistiu de seu Senhor, mas Jesus não desistiu de Pedro e manda um recado específico para ele: quer encontrá-lo lá na Galileia.

Jesus Cristo também está buscando você. Quem sabe você, que foi criado no evangelho e se desviou; quem sabe você, que já fez a sua profissão de fé e hoje está frio, indiferente, longe do Senhor. Jesus não desistiu de sua vida; Ele está procurando por você.

Pedro chegou à Galileia e disse: "Vou pescar, não aguento mais ficar aqui, não tolero mais esperar". E seus amigos concordaram: "Nós vamos com você também". Porém, Jesus apareceu naquele mar e caminhou naquela praia. A seguir perguntou: "Filhos, tendes aí alguma coisa de comer?" João observou: "É o Senhor, é Jesus, Pedro". E Pedro foi ao encontro de Jesus. Louvado seja o Senhor, porque Deus quer ter esse encontro restaurador com você!

CAPÍTULO 7

A RESTAURAÇÃO DE PEDRO PODE SER A SUA

A RESTAURAÇÃO DE PEDRO PODE SER A SUA ❑

oncluindo, precisamos observar três pontos aqui. O primeiro deles é que o caminho da restauração de Pedro passou pela busca de Pedro. A Bíblia diz que, quando Jesus olhou para Pedro, este começou a chorar. Caiu em si e desatou a chorar. A Bíblia diz que ele chorou amargamente. A língua grega traz a ideia de que era como se de dentro dele saísse água podre. Pedro derrama a sua alma diante de Deus, humilha-se e chora diante de Jesus, porque considera que havia negado o seu Senhor.

Pedro se lembra da excelência de Jesus, a quem Ele acabara de negar. Pedro se lembra do tratamento especial que havia recebido como um dos primeiros apóstolos. Pedro se lembra de ter sido solenemente advertido pelo Senhor acerca de sua queda. Recorda-se dos votos de fidelidade que fizera a Jesus, por isso chora.

E, se eu e você pararmos e fizermos uma análise de nossa vida, teremos muitos motivos para chorar também; por nosso pequeno progresso na vida cristã, nossa negligência, nossa falta de intimidade com Deus. A pequena glória que estamos dando ao nosso grande Senhor deve nos levar às lágrimas que Pedro verteu. Pedro chorou amargamente.

Foi diferente de Judas, que engoliu o próprio veneno. Pedro não engoliu o seu veneno. Tão logo negou o seu Senhor, ele chorou e botou para fora todo o veneno que tentava matá-lo, destruí-lo. Os santos de Deus muitas vezes caem, mas os santos de Deus não ficam prostrados, não ficam caídos. Porque, se você caiu, em nome de Jesus, levante, confesse e chore as lágrimas do arrependimento.

O segundo ponto é que Pedro fez a confissão de amor. Jesus perguntou a ele: *Pedro, tu me amas?* E Pedro respondeu: *Sim, Senhor, tu sabes que eu te amo.*

Tu me amas, Pedro? Sim, Senhor, tu sabes que eu te amo. Tu me amas mais do que esses? Sim, Senhor, tu sabes todas as coisas, tu sabes que eu te amo.

Jesus estava curando, em primeiro lugar, o coração orgulhoso de Pedro. O Mestre perguntou três vezes *Pedro, tu me amas?*, porque Pedro tinha dito que, ainda que todos O abandonassem, fugissem, ele jamais o faria! Ele se considerava melhor do que os outros. Mas é tremenda a resposta de Pedro agora, porque Jesus lhe pergunta: "Tu me amas com amor *agape*? *Agaspa-me*?" Pedro responde: "Eu gosto do Senhor com amor *fileo*. *Filos-te*". Jesus pergunta outra vez: *Agaspa-me*? e Pedro responde: "*Filos-te*, eu gosto do Senhor como amigo". E, na terceira pergunta, Jesus muda a palavra no grego: "*Fileis-me*? Você gosta de mim como amigo?" E Pedro responde: "Senhor, tu sabes todas as coisas, eu gosto do Senhor como amigo". Jesus estava curando o orgulho de Pedro.

No entanto, Jesus estava fazendo mais. Ele estava curando a memória desse homem, a psique desse homem, as emoções desse homem, porque reproduz exatamente o cenário da sua queda, que foi diante de um braseiro, diante de uma fogueira. Jesus cria o mesmo cenário ali na praia, para que Pedro tenha toda a sua memória reavivada. No fim, naquele contexto de queda, Jesus lhe pergunta: "Você me ama, Pedro? Você me ama?" Jesus estava curando as emoções de Pedro.

O último estágio da restauração de Pedro foi o reengajamento. Em João 21.17b, Jesus ordena: *Apascenta as minhas ovelhas*. Ele está dizendo: "Volte ao campo de luta, meu filho, volte à batalha, recomece. Se você caiu, se você fracassou, se você foi nocauteado, estou restaurando sua vida. Volte, Pedro, volte.

Volte com entusiasmo, com coragem, com galhardia; comece tudo de novo. Lance a mão ao arado outra vez. Vamos para a frente; pastoreie as minhas ovelhas".

Quem sabe você, amado leitor, tenha deixado a obra de Deus. Um dia no passado, você colocou a mão no arado, mas desistiu, largou, olhou para trás. Jesus quer restaurar você, dizendo: "Meu filho, volte, no mínimo, ao melhor do que você já foi até hoje". Volte. Ore como o salmista: "Deus, restaura a minha sorte como as torrentes do Neguebe". E, como diz o cântico "Meu Deus, eu quero voltar ao meu primeiro amor", volte. Comece de novo. Comece outra vez. Com todo o vigor, com todo o entusiasmo, porque Jesus quer restaurar sua vida, Jesus quer restaurar seu ministério, Jesus quer restaurar o seu coração.

Pedro foi restaurado, curado, tratado, reerguido. Tornou-se um homem tremendo nas mãos de Deus, um homem cheio do Espírito Santo, um homem valoroso, um homem que revolucionou o mundo com a sua vida. Louvado seja o Senhor! E é isso que Deus quer fazer, porque Ele não desiste de você.

Ore em nome de Jesus, porque Deus não desiste de você. Que coisa tremenda! Porque Ele não nos trata segundo os nossos pecados, mas conforme a Sua grande misericórdia. Porque, a despeito dos nossos deslizes, fracassos e derrotas, Ele não abre mão da nossa vida. Ele está disposto a nos dar uma segunda chance e dizer para nós: "Meu filho, minha filha, vamos começar outra vez. Volte, volte".

Quem sabe você esteja na mesma situação de Pedro, confiando em si mesmo, achando que você é forte, que você é capaz, que você tem forças, ou até mesmo se julgando mais forte do que os outros, mais capaz do que os outros, mais piedoso do que os outros, mais crente do que os outros, mais corajoso do que os outros. Ou quem sabe você já não venha conseguindo orar mais, vigiar mais. No meio da guerra, você dorme e começa a seguir Jesus de longe. E começa a se juntar a gente que blasfema, que zomba, que escarnece, assentando-se na roda dos escarnecedores. Seu coração vai esfriando, vai gelando, você vai se comprometendo com o pecado e, de repente, já não consegue mais dar testemunho do nome de Jesus. De repente, você começa a negar suas convicções, sua fé, seu Deus. E começa a fraquejar e a naufragar.

É nesse momento que Jesus olha para você, é nesse momento que Jesus diz: "Meu filho, eu me importo com você". É nesse momento que Jesus revela o interesse de lhe dar uma nova vida, de restaurar sua alma e colocá-lo em pé. Jesus não abre mão da sua vida. Mas é preciso que você se arrependa, é preciso que você declare seu amor por Jesus. É preciso que você volte ao campo e comece a trabalhar para a glória de Jesus.

PARTE 4

SE DEUS NOS AMA, POR QUE SOFREMOS?

Se é necessário que me glorie, ainda que não convém, passarei às visões e revelações do Senhor. Conheço um homem em Cristo que, há catorze anos, foi arrebatado até ao terceiro céu (se no corpo ou fora do corpo, não sei, Deus o sabe) e sei que o tal homem (se no corpo ou fora do corpo, não sei, Deus o sabe) foi arrebatado ao paraíso e ouviu palavras inefáveis, as quais não é lícito ao homem referir.

De tal coisa me gloriarei; não, porém, de mim mesmo, salvo nas minhas fraquezas. Pois, se eu vier a gloriar-me, não serei néscio, porque direi a verdade; mas abstenho-me para que ninguém se preocupe comigo mais do que em mim vê ou de mim ouve. E, para que não me ensoberbecesse com a grandeza das revelações, foi-me posto um espinho na carne, mensageiro de Satanás, para me esbofetear, a fim de que não me exalte. Por causa disto, três vezes pedi ao Senhor que o afastasse de mim. Então, ele me disse: A minha graça te basta, porque o poder se aperfeiçoa na fraqueza.

De boa vontade, pois, mais me gloriarei nas fraquezas, para que sobre mim repouse o poder de Cristo. Pelo que sinto prazer nas fraquezas, nas injúrias, nas necessidades, nas perseguições, nas angústias, por amor de Cristo.

Porque, quando sou fraco, então, é que sou forte.

2CORÍNTIOS 12.1-10

Não é simples nem fácil conjugar o amor de Deus com o sofrimento. No entanto, meditar nesse tema se faz necessário, sobretudo quando passamos por lutas, privações e problemas de toda ordem: pessoais, familiares e espirituais. É quando clamamos a Deus: "Por que estou passando por isso? Por que essa dificuldade? Se Tu és Todo-poderoso, por que não me poupas desse problema? Se Tu me amas, por que estou sofrendo desse jeito?"

Tais indagações não são novas. Quando Lázaro se quedou enfermo, suas irmãs, Marta e Maria, mandaram um recado urgente para Jesus: *Senhor, está enfermo aquele a quem amas* (Jo 11.3). Ao receber a notícia, Jesus ainda demorou dois dias onde estava e, quando chegou à aldeia de Betânia, Lázaro já estava morto e sepultado havia quatro dias. Os judeus chegaram a questionar: "Se Jesus amava tanto essa família, por que não impediu que esse homem morresse?" (cf. Jo 11.37).

Talvez as pessoas à nossa volta nos questionem no mesmo sentido: "Se Deus ama tanto você, por que Ele lhe permite passar por essa luta? Se Deus Se importa com você, por que está permitindo esse drama?"

Alguém já disse que a vida é uma professora implacável, pois primeiro dá a prova e depois a lição. C. S. Lewis, pensador cristão, afirmou que Deus sussurra em nossos prazeres, mas grita em nossas dores.

CAPÍTULO 8

O EXEMPLO DE PAULO

O EXEMPLO DE PAULO ❏

Ao tratar do problema do sofrimento, Paulo não falou como um teórico. Ele enfrentou prisões, açoites e cadeias. Foi açoitado cinco vezes pelos judeus, recebendo ao todo 196 açoites.

Por isso, chegou a dizer aos gálatas: *Quanto ao mais, ninguém me moleste; porque eu trago no corpo as marcas de Jesus* (Gl 6.17). Paulo foi fustigado com varas e também apedrejado. Passou fome, sede e frio. Enfrentou três naufrágios e também perigo de rios e desertos. Foi perseguido em Damasco, rejeitado em Jerusalém, esquecido em Tarso, apedrejado em Listra, preso em Filipos, escorraçado de Tessalônica e enxotado de Bereia. Foi chamado de tagarela em Atenas e de impostor em Corinto. Enfrentou feras em Éfeso. Foi preso em Jerusalém e acusado em Cesareia. Foi picado por uma cobra em Malta e decapitado em Roma.

Ao ler sobre esse homem, percebemos que, em todo o Novo Testamento, talvez ninguém tenha sofrido como ele. Sua trajetória é de sofrimento. Ainda nos albores da vida cristã, logo depois de sua conversão, precisando fugir de Damasco, Paulo rumou a Jerusalém, esperando acolhimento dos discípulos na cidade onde perseguira de forma implacável a igreja. Porém, ao chegar a Jerusalém, os discípulos não acreditaram na veracidade de sua conversão. Mesmo depois de ser aceito na comunidade por intervenção de Barnabé, Paulo foi dispensado do trabalho naquela igreja pelo próprio Deus (At 22.18-21).

Deus estava lhe dizendo: "Vá embora, arrume as malas, pois eles não vão ouvir você". E a Bíblia diz que, no dia em que ele arrumou as malas e foi embora, a igreja começou a ter paz e a crescer (At 9.31). Com tantos planos, Paulo é enviado de volta à sua cidade, Tarso, e lá permanece durante dez anos, no silêncio e no anonimato. Ungido por Deus para a obra missionária, em sua primeira viagem ele é apedrejado.

Em Filipos, a primeira cidade em que Paulo se fixa para começar o trabalho, por ordem e direção de Deus, ele é açoitado em praça pública. Em seguida, é escorraçado de uma cidade, chamado de tagarela em outra e de impostor na seguinte. Chega a enfrentar feras. Movido por uma intensa compaixão, promove uma campanha financeira nas igrejas da Europa e da Ásia para atender os pobres da Judeia; quando leva essas ofertas para lá, os judeus conspiram contra ele para o prender e o matar.

Deus lhe infunde coragem, mandando-o de navio para Roma, e ele não só enfrenta um naufrágio, como chega algemado àquela cidade. E é esse homem que nos dirá ser possível manter a alegria apesar dos perigos, das perseguições, da própria morte. Ao contemplar sua trajetória, Paulo conclui que as coisas espirituais estão acima das materiais, as do futuro acima das presentes e as eternas são muito mais importantes que as temporais.

No texto bíblico apresentado aqui, o apóstolo enfrenta um sofrimento terrível, que ele chama de espinho na carne. Não se sabe exatamente do que se trata. Possivelmente deve ter sido um sofrimento físico, pois a palavra grega traduzida por "espinho" alude a uma estaca enfiada em sua carne, algo doloroso, traumático. A maioria dos intérpretes quer crer que Paulo sofria de uma doença gravíssima nos olhos. É o que alguns textos nos sugerem. Primeiro porque, quando convertido, ficou cego durante três dias (At 9.8,9); depois, caíram dos seus olhos como que escamas, e ele passou a enxergar (At 9.12,17,18). Lemos em sua carta aos Gálatas que o apóstolo pregou naquela região por causa de uma enfermidade física: *E vós sabeis que vos preguei o evangelho a primeira vez por causa de uma enfermidade física. E, posto que a minha enfermidade na carne vos foi uma tentação, contudo, não me revelastes desprezo nem desgosto; antes, me recebestes como anjo de Deus, como o próprio Cristo Jesus. Que é feito, pois, da vossa exultação? Pois vos dou testemunho de que, se possível fora, teríeis arrancado os próprios olhos para mos dar* (Gl 4.13-15). Paulo está dizendo que aqueles irmãos o amavam de tal maneira que estavam prontos, se preciso fosse, a arrancar os próprios olhos e ofertá-los. Ainda em Gálatas 6.11, Paulo diz: *Vede com que grandes letras eu vos escrevo de próprio punho*. Essas declarações de fato soam mais compreensíveis se cogitarmos que Paulo enfrentava um provável problema de visão. Porém, ainda que não seja esse o motivo, é certo que Paulo está diante de um sofrimento terrível, que se torna ainda mais impressionante quando o contrastamos com suas experiências fantásticas imediatamente anteriores das grandes visões no céu. É assim que Deus tempera nossa vida entre glórias e sofrimentos. Depois da glória vem a dor; depois do êxtase vem o sofrimento. Paulo faz uma transição das visões celestiais para o espinho na carne. Ele passou do paraíso à dor, da glória ao sofrimento. Nesse mosaico da vida, Deus trabalha todas as coisas para o nosso bem. Nessa jornada vitoriosa, caminhamos entre experiências de bênção e experiências de luta, entre a bênção de Deus no céu e a bofetada de Satanás na terra.

CAPÍTULO 9

AS LIÇÕES

AS LIÇÕES ❑

Deus nos permite sofrer, mesmo nos amando muito. Muitas lições podem ser depreendidas disso. Charles Stanley, no seu livro *Como lidar com o sofrimento*, faz uma oportuna exposição de 2Coríntios 12. Esse ilustre escritor destaca vários ensinamentos consoladores dessa experiência de Paulo. Respondendo à pergunta "Se Deus nos ama, por que sofremos?", queremos ressaltar algumas lições a seguir.

Em primeiro lugar, há um propósito divino em cada sofrimento (2Co 12.7). Podemos ter a certeza de que, na vida dos filhos de Deus, nenhum sofrimento é desperdiçado. Há sempre um propósito. O versículo 7 diz: *E, para que não me ensoberbecesse com a grandeza das revelações, foi-me posto um espinho na carne, mensageiro de Satanás, para me esbofetear, a fim de que não me exalte.* Em Deus, não existe acaso, coincidência ou determinismo. Todo filho de Deus pode, deve e precisa crer nesta verdade: *Sabemos que todas as coisas cooperam para o bem daqueles que amam a Deus* (Rm

8.28). Tudo o que acontece em nossa vida é proposital, e não casual. Deus tem um plano em tudo que nos sobrevém. Paulo declara no começo dessa carta que Deus é Aquele que nos consola em toda a nossa angústia e tribulação para que nos tornemos também consoladores quando outros passam pelas mesmas dificuldades (2Co 1.3,4). Isso quer dizer que, quando Deus permite que você passe por uma prova, trata-se de um treinamento para que você se transforme em um consolador eficaz.

Jó morreu sem jamais saber por que sofreu. Paulo pediu que Deus lhe tirasse o espinho. Mas Deus resolveu não atender ao seu pedido, pois o espinho tinha um propósito: por meio daquele sofrimento, Deus estava trabalhando em Paulo para que ele não se ensoberbecesse com a grandeza das revelações que ele havia tido. Assim, em meio ao sofrimento, por maior que seja, não devemos nos desesperar, nem deixar que se amargure nosso coração; tampouco devemos nos rebelar contra Deus ou nos entregar ao ceticismo. Apenas é necessário compreender isto: Deus tem um plano em cada dificuldade que passamos.

Em segundo lugar, é possível que Deus nos revele o propósito e a razão de nosso sofrimento. Às vezes, Deus decide revelar-nos o motivo de nosso sofrimento.

AS LIÇÕES ❑

Foi o caso de Paulo. É como se Deus lhe tivesse dito: "Sou eu que permito tal sofrimento, com um propósito muito maior: que você seja protegido do orgulho, da vaidade e do ensoberbecimento, perigosos pecados espirituais".

Deus revelou a Moisés por que ele não entrou na terra prometida. Deus revelou a Josué por que Israel fora derrotado diante da pequena cidade de Ai. Mas não é sempre assim. Em meio a dores, a pergunta correta a ser feita não é por que, mas, sim, para quê. No entanto, muitas vezes Deus não responde nem por que nem para quê. O método de Deus para tratar conosco diante do sofrimento pode ser o total silêncio. Foi assim com Jó, que perdeu os bens, a saúde, os filhos, os amigos e, por fim, perguntou a Deus: "Por quê?" E Deus não lhe respondeu. Logo, se você tem resposta de Deus, louve ao Senhor. Contudo, se não tem, descanse na providência divina. Se você não pode entender por que está sofrendo, pode entender uma coisa: Deus é Deus, Ele é soberano, é seu Pai, ama você e está no controle da situação. Seu plano para a vida de Seus filhos é poderoso, sábio e perfeito.

Quando o grande cientista Albert Einstein foi à América pela primeira vez, os repórteres perguntaram à sua esposa: "A senhora compreende a complexa teoria da relatividade pela qual seu marido é tão famoso no mundo?" Ela respondeu: "Eu não compreendo a teoria, mas compreendo o meu marido". Podemos não compreender todos os detalhes do que Deus está fazendo em nossa vida, mas podemos compreender Deus. Podemos saber que Ele é soberano e está no controle de todas as coisas.

Um diamante precisa ser lapidado para que possa revelar toda a sua beleza, todo o seu fulgor. Da mesma forma, Deus nos lapida para que possa revelar a beleza de Sua glória em nós. A Bíblia diz que até Jesus aprendeu pelas coisas que sofreu (Hb 5.8). Se Jesus, Filho de Deus, aprendeu pelas coisas que sofreu, por que estaríamos isentos disso? O sofrimento é uma escola de Deus em nossa vida para esculpir em nós a beleza de Jesus.

Há uma praia no sul da Califórnia que fica numa bifurcação de duas rochas. E é interessante que ali as águas são muito agitadas e batem com fúria nas pedras, espumando e jogando água para o ar. E ali, naquela região, as pessoas procuram pedras alisadas pela fúria das águas que batem nas rochas, um material valioso de ornamentação nas fachadas das casas. Bem ao lado, existe outra praia onde as ondas são calmas e serenas, mas suas pedras são desprovidas de valor e beleza. Como não são surradas pela fúria das águas, deixam de ser lapidadas. Você nunca é tão trabalhado por Deus como quando é colocado na escola do sofrimento. Deus está moldando você, tornando--o mais parecido com Jesus.

O sofrimento na vida do cristão não vem para destruí-lo, mas para depurá-lo. Não vem contra nós, mas a nosso favor.

O sofrimento nos põe no nosso devido lugar. Ele quebra nossa altivez e esvazia a nossa pretensão de glória pessoal. É o próprio Deus quem nos matricula na escola do sofrimento. O propósito de Deus não é nossa destruição, mas nossa qualificação. O fogo da prova não pode chamuscar sequer um fio de cabelo da nossa cabeça; ele só queima as nossas amarras.

O fogo da prova nos livra das amarras, e Deus nos livra do fogo. O sofrimento levou Paulo à oração. O sofrimento nos mantém de joelhos diante de Deus para nos colocar em pé diante dos homens.

Em terceiro lugar, Deus não nos reprova por pedirmos a ele explicação acerca do nosso sofrimento. Outro ponto importante é que Deus não nos censura por pedirmos explicação ou livramento do sofrimento.

Nos versículos 8 e 9, Paulo ora para se ver liberto do espinho na carne, mas Deus não reage com ira. Leiamos o seu relato: *Por causa disto, três vezes pedi ao Senhor que o afastasse de mim. Então, ele me disse:*

A minha graça te basta, porque o poder se aperfeiçoa na fraqueza. De boa vontade, pois, mais me gloriarei nas fraquezas, para que sobre mim repouse o poder de Cristo. O fato de você ser um cristão não significa que perdeu sua sensibilidade humana à dor ou mesmo o impulso de questioná-la. Você não precisa ser uma pessoa masoquista. O cristão não é masoquista, não gosta de sofrer. E Deus jamais permite o sofrimento pelo sofrimento. Deus não é sádico.

Então, quando você estiver passando por um momento difícil, questione, levante a voz aos céus com toda a força, chore e grite por socorro. Faça a sua oração, faça o seu clamor.

Em nenhum lugar da Escritura, Deus nos reprova por abrirmos o peito, por espremermos o pus da ferida que lateja e dói dentro de nós. Deus nos ensinou a lançarmos sobre Ele toda a nossa ansiedade (1Pe 5.7).

Se você for um dia a Jerusalém, vale a pena visitar o Museu do Holocausto. O que mais me marcou naquele local foi um monumento que construíram defronte do museu, que mostra uma mulher cuja cabeça é apenas uma boca aberta, segurando nos braços dois filhos mortos. Sua postura parece dizer que, ao passar pelo vale da dor, é preciso gritar por respostas de Deus. Quando o profeta Elias desejou morrer deitado debaixo de um zimbro e depois se enfiou numa caverna, Deus não apenas lhe recomendou comer, mas também o estimulou a desabafar: *Que fazes aqui, Elias?* (1Rs 19.9). Da mesma forma, Jó interpela Deus acerca de seus infortúnios. Tiago fala sobre a paciência de Jó (Tg 5.11). Muitos dizem: "Ah, Jó é o maior exemplo de paciência". E quem ouve isto e não leu o livro de Jó acaba pensando que se trata de um homem paciente, resignado, que se sentou no cantinho da sala e encurvadinho, caladinho, quietinho, deixou o sofrimento sovar sua vida à vontade. Não foi assim! Se existe uma coisa que Jó fez, foi abrir o bico e rasgar o peito para Deus.

Até Jesus, quando estava no Getsêmani, rogou: *Aba, Pai, tudo te é possível; passa de mim este cálice...* (Mc 14.36). Logo, você não é menos crente quando, na sua dor, extravasa a angústia que lateja em sua alma e pede a Deus por livramento.

Em quarto lugar, o sofrimento pode ser um dom de Deus. Paulo também mostra, no versículo 7, que o sofrimento pode ser uma dádiva de Deus a nós, e não uma ação contra nós. No entanto, quem de nós consegue encarar o sofrimento, de maneira serena, como algo a nosso favor? É claro que a reação humana ao sofrimento é quase sempre negativa. Em Gênesis 42.36, temos um exemplo disso, quando lemos sobre a queixa e o lamento de Jacó. Ele já tinha perdido José;

agora, enfrentava a fome. Os irmãos de José decidem ir ao Egito comprar trigo, mas Simeão, outro filho, ficara retido lá. Desejam voltar porque o trigo acabou, e ou eles voltam ao Egito ou morrem de fome. Então, o governador do Egito faz uma reivindicação incondicional: "Vocês trazem Benjamim, o irmão caçula, ou nada de trigo". Jacó exclama: *Tendes-me privado de filhos: José já não existe e Simeão não está aqui; agora levareis a Benjamim. Todas estas coisas vieram sobre mim* (Gn 42.36). Jacó vislumbra a cena da providência e, em sua análise, tudo está contra ele. Não consegue perceber que, no final, tudo estava a seu favor.

O espinho de Paulo era uma dádiva porque, por meio desse incômodo, Deus o protegeu daquilo que ele mais temia: ser desqualificado para o ministério. Nunca é demais lembrar: Deus reserva para você bênçãos maiores quando permite um sofrimento em sua vida.

Em quinto lugar, Satanás pode estar por trás do nosso sofrimento. Todo sofrimento está debaixo dos desígnios de Deus. Satanás pode até nos tocar, com a permissão do Senhor, como fez com Jó e com Paulo, mas ele jamais frustrará os propósitos divinos em nossa vida. Talvez você se pergunte: "Quem está por trás do espinho na carne de Paulo: Deus ou Satanás?" Ou então: "Como um mensageiro de Satanás pode cooperar para o bem de um servo de Deus?" "De que maneira

Satanás está esbofeteando Paulo e isso ainda contribui para seu bem?" A resposta é: Deus é soberano.

Satanás é um anjo caído e não pode agir em momento algum, em lugar nenhum, com pessoa alguma, sem a permissão de Deus. Satanás não pode tocar em um filho de Deus sem que Deus permita. E muitas vezes Deus usa até Satanás para cumprir Seus propósitos eternos e soberanos (Jó 42.2). Deus permitiu que Satanás tocasse em Jó. Mas o que Satanás conseguiu? Levar Jó mais perto de Deus. No final da história, Jó exclama: *Eu te conhecia só de ouvir, mas agora os meus olhos te veem* (Jó 42.5). Satanás esbofeteou Paulo, e o que conseguiu? Um Paulo mais humilde, mais dependente da graça de Deus.

Em sexto lugar, Deus não apenas permite o sofrimento, mas também nos consola quando o sofrimento nos atinge. Em sua soberania, Deus não apenas faz que o sofrimento seja por nós, mas também nos assiste e nos conforta em nossas dores. É o que podemos perceber na leitura do versículo 9, em que Deus dá a Paulo uma resposta. Talvez não tenha sido a resposta esperada ou desejada, mas era a resposta de que ele precisava.

O que Paulo queria era alívio, mas Deus responde que vai assisti-lo naquele sofrimento, transformando-o em bênção para a sua vida. A compreensão

PROVAS & CRISES

de Paulo poderia ser resumida assim: as dores sofridas aqui são colocadas em nosso crédito para bênçãos maiores aqui e bênçãos gloriosas na eternidade. Por isso, Paulo pode declarar que os sofrimentos do tempo presente não se comparam às glórias vindouras a serem reveladas em nós (Rm 8.18). Esse bandeirante do cristianismo afirma que a nossa leve e momentânea tribulação produz para nós eterno peso de glória; acima de toda comparação (2Co 4.17). E ele diz ainda: *Não nos gloriamos apenas na esperança da glória de Deus, mas também nos gloriamos nas próprias tribulações* (Rm 5.2,3). Por quê? *Porque a tribulação produz perseverança; a perseverança produz experiência; a experiência produz esperança e a esperança não se confunde* (Rm 5.3-5).

Então, aproprie-se do conforto de Deus. Ele é o Pai de toda consolação. Ele nunca vai deixar você sozinho no vale da dor. O rei Davi afirmou com confiança: *Ainda que eu ande pelo vale da sombra da morte, não temerei mal nenhum, porque tu estás comigo* (Sl 23.4). Quando o salmista Asafe estava em crise, assaltado pela angústia de ver a prosperidade do ímpio, ao mesmo tempo que ele, homem piedoso, era castigado a cada manhã, entrou no templo para buscar uma resposta às suas indagações. Ali os olhos da sua alma foram abertos. Ali a luz do entendimento banhou seu coração. Deus lhe assegurou que estava com ele. Deus mostrou que, mesmo no sofrimento, ele tinha herança eterna e refúgio seguro. Deus é mais valioso que qualquer bem que possuímos na terra. Ele é quem nos toma por Sua mão direita, guiando-nos com o Seu conselho eterno até finalmente nos receber na glória.

Em sétimo lugar, a graça de Deus nos é suficiente na hora do sofrimento. Deus diz a Paulo: *A minha graça te basta* (2Co 12.9). Quando passamos pelo vale do sofrimento, a graça de Deus sempre nos é suficiente. Deus não deu a Paulo o que ele pediu, mas, sim, algo mais eficiente, Sua graça, que é melhor que a vida (Sl 63.3).

Nesse contexto, como definir graça? Trata-se da provisão divina para cada situação, não importa qual seja: enfermidades, crises familiares, problemas financeiros, debilidade espiritual. Nisso tudo, a graça de Deus vai assistir você. A graça de Deus é o tônico para a alma aflita, o remédio para o corpo frágil, a força que põe em pé o caído. A graça de Deus é a provisão de Deus para tudo que precisamos, quando precisamos. A graça nunca está em falta. Ela está continuamente disponível.

É maravilhoso quando lemos na Bíblia que precisamos nos alegrar quando passamos por várias provações (Tg 1.2,3). A palavra grega *poikilos*, "várias", é riquíssima. Dela vem o termo "policromático", de várias cores. Há provações de todas as cores e de todos os tons. Há provações leves e provações pesadas. Há provações breves e provações longas. Há provações físicas e provações emocionais. Há provações financeiras e provações espirituais. Tiago está dizendo que essas provações são variadas. E, então, Pedro escreve em sua primeira carta: *Servi uns aos outros, cada um conforme o dom que recebeu, como bons despenseiros da multiforme graça de Deus* (1Pe 4.10). Qual o termo grego para a palavra "multiforme"? O mesmo, *poikilos*. Que significa isso? O estoque da graça de Deus nunca fica na reserva. Para cada provação que você passar, há graça de Deus suficiente para você.

Em oitavo lugar, nem sempre é propósito de Deus remover o sofrimento (2Co 12.8). Quando pedimos alívio do sofrimento a Deus e esse alívio não chega, precisamos compreender, como Paulo compreendeu, que nem sempre é propósito de Deus remover o nosso sofrimento. Trata-se de algo um tanto difícil de aceitar, mas atestado por muitos crentes fiéis.

Por exemplo, dê uma olhada no livro de Teodoro de Beza, *A vida e a morte de João Calvino*. Às vezes, citamos Calvino, apreciamos sua teologia, seu ensino, e somos gratos a Deus por sua vida e influência no mundo ocidental, mas ficamos sem saber o grau de sofrimento que esse homem suportou.

AS LIÇÕES ❑

Calvino tinha mais de uma dezena de doenças sérias. Escreveu acamado a maior parte de suas obras, sem poder movimentar a mão. Ditava para seu secretário porque estava fraco e doente. Era vítima de enxaquecas terríveis, suportava uma deficiência respiratória gravíssima e, contudo, mesmo sofrendo, viveu glorificando a Deus e fazendo Sua obra sem jamais perder a alegria.

Outro exemplo é a vida do missionário David Brainerd. Talvez nenhum homem na história tenha andado mais com Deus do que esse moço, que morreu aos 29 anos de tuberculose. Quando alguém perguntou a John Wesley qual era o livro mais importante depois da Bíblia, o grande pregador inglês respondeu: o diário de David Brainerd. Esse jovem não apenas padeceu de terríveis sofrimentos numa selva, evangelizando índios antropófagos, mas experimentou o gozo do Espírito de Deus na sua alma em meio a tudo isso.

Há muitos outros testemunhos semelhantes. John Bunyan, o homem que escreveu o livro mais lido no mundo depois da Bíblia, *O peregrino*, passou catorze anos atrás das grades de uma prisão em Bedford, na Inglaterra, pelo único crime de pregar o evangelho em praça pública. A dor maior que suportou não foi sua prisão, mas ver sua filhinha primogênita cega passando necessidades, sem poder assisti-la. Mesmo assim, transformou sua prisão num lugar do qual emanou consolação para milhões de pessoas no mundo inteiro.

Joni Eareckson, depois de um trágico acidente, ficou tetraplégica numa cadeira de rodas, apenas podendo mexer o rosto. Nessa cadeira de rodas, ela proclama acerca do conforto e da graça de Deus para milhares de pessoas de nossa geração.

Fanny Crosby, talvez a maior compositora evangélica de todos os tempos, com mais de 8 mil hinos, era cega desde a sexta semana de vida. Morreu aos 92 anos, glorificando a Deus e cantando hinos de louvor a Deus.

Dietrich Bonhoeffer morreu enforcado no dia 9 de abril de 1945 numa prisão nazista sem perder a alegria do Espírito Santo.

Dwight Moody, na hora da partida, pôde dizer: "Afasta-se a terra, aproxima-se o céu, estou entrando na glória".

Miguel Gonçalves Torres, um dos primeiros pastores presbiterianos em terras brasileiras, pôde exclamar na hora da sua morte: "Eu pensei que ia para o céu, mas foi o céu que veio me buscar".

Martin Lloyd-Jones, o maior pastor do século 20, declarou no momento da morte: "Não orem mais por minha cura; não me detenham da glória".

Quando Deus toma a decisão de não aliviar a nossa dor, saiba que nesse momento o céu descerá à terra, o consolo inundará a nossa alma e Deus enxugará dos nossos olhos toda lágrima e nos fortalecerá.

Em nono lugar, a nossa felicidade não está nas circunstâncias, mas em Cristo. No versículo 10, Paulo conclui dizendo que nossa felicidade não depende das circunstâncias, mas de Cristo Jesus. O apóstolo escreve: *Pelo que sinto prazer nas fraquezas, nas injúrias, nas necessidades, nas perseguições, nas angústias, por amor de Cristo. Porque, quando sou fraco, então, é que sou forte.*

Mais uma vez, não se trata de uma postura masoquista. Sem entender o cristianismo como um todo, é impossível decodificar as palavras de Paulo aqui. No entanto, é preciso perceber a ênfase: *Pelo que sinto prazer nas fraquezas, nas injúrias, nas necessidades, nas perseguições, nas angústias [...] por amor de Cristo.*

No seu livro *A sociedade da decepção*, o grande sociólogo francês Gilles Lipovetsky declara que a pós-modernidade acabou; nós já entramos na hipermodernidade. E, nesse estágio, o ponto para onde todos querem convergir é o prazer.

Não há mais idealismo, projetos ou sonhos, apenas o prazer. Pois Paulo aborda o prazer nesse versículo. No entanto, não se trata do prazer da hipermodernidade, mas, sim, de algo que independe das circunstâncias. O homem imbuído desse prazer não é impulsionado pelas situações exteriores para estar feliz, exultante, desfrutando de um gozo inefável e cheio de glória. É um homem que pode fechar a cortina da vida afirmando como Paulo em 2Timóteo 4.7,8: *Combati o bom combate, completei a carreira, guardei a fé. Já agora a coroa da justiça me está guardada, a qual o Senhor, reto juiz, me dará naquele Dia; e não somente a mim, mas também a todos quantos amam a sua vinda.* Após exprimir tal confiança, ele começa a relatar as experiências que enfrentou: abandono, perseguição, ingratidão, incompreensão. No entanto, completa: Deus me livrou e me assistiu nisso tudo; agora que estou partindo, que Deus seja glorificado pela minha vida (2Tm 4.9-18).

É maravilhoso saber que a nossa alegria não depende de coisas. Muitos têm tanto e não são felizes. Quando perdem seus bens, sua reação é o desespero. Paulo declara que não depende de coisas, mas tem gozo e prazer em Deus. Foi capaz de atestar que, mesmo ao passar por todo tipo de luta e aflição por amor a Jesus, aprendeu a viver contente em toda e qualquer situação (Fp 4.11). A nossa alegria não está no que nos acontece, mas em como reagimos ao que nos acontece; não no que as pessoas nos fazem, mas no que fazemos com o que as pessoas nos fazem. Jim Elliot, missionário e mártir do cristianismo, afirmou: "Não é tolo perder o que não se pode reter para ganhar o que não se pode perder". Você pode perder bens, mas está retendo aquilo que não se perde. Está conservando uma herança bendita, imarcescível e gloriosa.

Em décimo lugar, quando chegamos ao fim das nossas forças, ainda assim Deus nos capacita a viver vitoriosamente (2Co 12.10b). No final do versículo 10, lemos que Deus ensinou a Paulo uma gloriosa verdade: é que a força emana da fraqueza. O apóstolo escreveu: *Porque, quando sou fraco, então, é que sou forte.* Este é o grande paradoxo do cristianismo. A força que sabe que é forte é, na verdade, fraqueza, mas a fraqueza que sabe que é fraca é, na verdade, força. O poder de Deus revela-se nos fracos. Não caminhamos pela vida estribados no frágil bordão da autoconfiança. Caminhamos pela força do Onipotente. Nossa fraqueza aliada à onipotência do Deus Todo-poderoso nos capacita a viver vitoriosamente.

Diz-se que o grande evangelista John Wesley pregou 42 mil sermões e viajou a cavalo cerca de 7 mil quilômetros por ano. Pregava três vezes por dia. Aos 83 anos, escreveu em seu diário: "Nunca me canso, nem pregando, nem viajando, nem escrevendo. Bendita força que vem do alto!" Louvado seja Deus!

Na vida cristã, muitas bênçãos que recebemos vêm por meio da transformação, e não da substituição. Paulo pediu substituição — dor pela ausência de dor —, mas Deus lhe responde com transformação; o espinho continuaria, mas Paulo seria transformado a ponto de suportá-lo e ser abençoado por aquele sofrimento. Deus supre a necessidade tanto pela substituição quanto pela transformação. Às vezes, Deus não remove a aflição, mas nos dá Sua graça de modo que a aflição trabalhe para nós, e não contra nós.

E, então, o que acontece? Quando Paulo começa a orar, Deus abre o campo da sua visão e Paulo descobre que o espinho na carne não é algo estranho para destruí-lo, mas, sim, um dom de Deus para mantê-lo mais dependente e humilde. Nem sempre Deus oferece explicações, mas, sim, promessas: é delas que vivemos, pois alimentam a fé. Deus nos deu muitas delas: "Eu não te deixarei nem te abandonarei"; "Eis que estou convosco todos os dias até a consumação dos séculos"; "Não temas, porque eu sou contigo"; "Não te assombres, porque eu sou teu Deus"; "Eu te fortaleço, eu te ajudo, eu te sustento com a minha destra fiel".

Sua presença, Seu consolo, Sua graça e Seu poder jamais nos faltarão; é promessa dEle, e Ele vela em cumprir Sua Palavra.

Fazendo uma síntese do que escrevemos até aqui, podemos afirmar que o sofrimento é inevitável, indispensável e pedagógico. Ele é indispensável (2Co 12.7-10) para evitar o ensoberbecimento (2Co 12.7), para gerar dependência constante de Deus (2Co 12.8), para mostrar a suficiência da graça (2Co 12.9) e para trazer fortalecimento de poder (2Co 12.9).

Quando contemplamos toda essa experiência fascinante de Paulo, podemos compreender quão sábio Deus é ao equilibrar as visões da glória com os espinhos na carne. Deus é sábio para nos garantir que, mesmo em meio ao sofrimento, não precisemos fugir do trabalho. É também pelo sofrimento que Deus nos capacita ainda mais para o trabalho. Quando as nossas forças acabarem, quando nos sentirmos fracos, totalmente fracos, Deus dirá: "Agora você é forte, pois acabou toda a reserva da sua autoconfiança; você está totalmente dependente de mim, fiado no meu poder, na minha graça e na minha assistência".

Que Deus fortaleça o seu coração. Que você saiba que Deus está do seu lado, segurando-o firme com Sua mão onipotente, até conduzi-lo à glória. Se aqui nós choramos, lá Ele enxugará nossas lágrimas. Se aqui nosso corpo é surrado pela fraqueza e pela doença, e o tempo vai esculpindo rugas em nossa face e embranquecendo nossos cabelos, lá teremos um corpo de glória, semelhante ao corpo do Senhor Jesus. Se o sofrimento aqui é por breve tempo, o consolo é eterno. A dor vai passar; o céu jamais! A caminhada pode ser difícil. O caminho pode ser estreito. Os inimigos podem ser muitos. O espinho na carne pode doer. Mas a graça de Cristo nos basta. Só mais um pouco e estaremos para sempre com o Senhor. Então, o espinho será tirado, as lágrimas serão enxugadas, e não haverá mais pranto, nem luto, nem dor.

Oro para que o Senhor permita que a igreja desfrute desse gozo inefável, dessa alegria indizível e cheia de glória. Para que os céus desçam à terra e possamos sentir, assim como o apóstolo Paulo, a presença bendita e gloriosa de Deus, acima de toda perturbação terrena. Peça o mesmo comigo, para que haja fortaleza espiritual, confiança, gozo, alegria, ações de graças e louvor no meio do povo de Deus.

Sua opinião é
importante para nós.
Por gentileza, envie seus
comentários pelo *e-mail*
editorial@hagnos.com.br.

Visite nosso *site*: www.hagnos.com.br

Esta obra foi composta
nas fontes
Adobe Garamond Pro,
corpo 10 e 11, e Myriad Pro,
corpo 18 e 20;
e impressa na Imprensa da
Fé. São Paulo, Brasil,
verão de 2020.